"十三五"国家重点出版物出版规划项目

中国史前遗址博物馆

ZHONGGUO SHIQIAN YIZHI BOWUGUAN DONGFANGPANGBEI LAJIA JUAN

丛书主编　王仁湘　张礼智

本册主编　何克洲　范小慧

东方庞贝

喇家卷

陕西新华出版传媒集团
陕西科学技术出版社

图书在版编目（CIP）数据

东方庞贝：喇家卷/何克洲，范小慧主编 .—西安：陕西科学技术出版社，2019.3
（中国史前遗址博物馆/王仁湘，张礼智 主编）
ISBN 978-7-5369-7388-6

Ⅰ．①东… Ⅱ．①何… ②范… Ⅲ．①齐家文化－文化遗址－研究－民和县 Ⅳ．① K878.04

中国版本图书馆 CIP 数据核字（2018）第 248926 号

中国史前遗址博物馆　东方庞贝　喇家卷

何克洲　范小慧　主编

出 版 人	孙　玲
策划编辑	赵文欣
责任编辑	赵文欣　马　莹
封面设计	余　文

出版者	陕西新华出版传媒集团　陕西科学技术出版社
	西安市曲江新区登高路1388号陕西新华出版传媒产业大厦B座
	电话（029）81205187　传真（029）81205155　邮编710061
	http://www.snstp.com
发行者	陕西新华出版传媒集团　陕西科学技术出版社
	电话（029）81205180　81206809
印　刷	陕西金和印务有限公司
规　格	889mm×1194mm　1/16
印　张	8.25
字　数	150千字
版　次	2019年3月第1版
	2019年3月第1次印刷
书　号	ISBN 978-7-5369-7388-6
定　价	118.00元

版权所有　翻印必究

《中国史前遗址博物馆》丛书编委会

丛书主编

王仁湘 张礼智

丛书编委

(按姓氏笔画排序)

马东峰 王轩龙 王进先 王遂成 石金民 田彦国 田继宝
刘俊康 朱家可 朱章义 陈万里 张礼智 何克洲 何周德
吴 健 陆海英 周 海 胡继忠 董 平 董翠平 蒋远金

《中国史前遗址博物馆·东方庞贝·喇家卷》编委会

主 编

何克洲 范小慧

编 委

(按姓氏笔画排序)

李晓东 李 娟 何克洲 张德荣
张 荣 范小慧 柳英发 喇子英

序

文物是人类在历史发展过程中遗留下来的遗物、遗迹。它是人类宝贵的历史文化遗产，反映各个历史时期、不同地域人们的生产和生活，包括衣食住行、婚丧嫁娶、祈福祭祀、与外界的互动，乃至内心活动等等物质和精神生活的表现，在制造和使用的当时起着活生生的作用。但是一旦埋入地下便成了一件件死物。在地下沉寂若干岁月后，一旦被人们发现，再经考古工作者发掘、整理和研究，便立刻恢复生机，生动地展现其活生生的一面，帮助人们了解其被制造和使用的情况、当时的社会和自然环境以及人们社会生活日常起居等方方面面的鲜活细节。将若干有联系的遗址的文物联系起来，就能复原各种文化现象的起源、发展、变化、转型、交流乃至消亡的过程和其中的历史规律。文物便发扬出"人气"，起到了"由物到人"的作用。但是此时文物的作用范围还局限于学术圈内，影响有限。

文物一旦作为展品通过博物馆进入观众的视野，其影响面便得以扩大，通过说明词和讲解员的生动讲述，一件件文物所体现的历史内涵组成一幅幅生动的历史画面，增长观众的知识，启迪有心人的思想，对他们为人处世的态度和原则，乃至人生观和世界观的形成就会起到或大或小的作用，此时的文物更显得生机盎然，其对现实社会的重要性更加得以凸显。

现今我国大多数人们生活小康乃至富裕，有条件参观许多博物馆，但是毕竟很难在短时间内遍历众多遗址。中国博物馆协会史前遗址博物馆专业委员会组织编写的《中国史前遗址博物馆》丛书汇集全国诸多重要史前遗址博物馆丰富的馆藏资料，用通俗易懂的文字，将各遗址的发现、发掘过程，各博物馆的历史沿革和发展历程娓娓道来，还将各遗址的遗迹和出土文物以及其他展品以图文并茂的方式生动地还原出来，以展现我国先民的物质生活和精神生活，引领读者走进尘封已久的岁月，感受我中华文化的深厚。

值此丛书即将付梓之时，西安半坡博物馆张礼智馆长嘱我为之作序，我虽俗务缠身，不能遍读样稿，但希望、也相信本丛书能帮助众多文物为更广大的人民大众展现它们的活力，有益于提高人民大众的家国情怀、文化自信，建立唯物主义的历史观和世界观，故勉力作序如上，供读者参考。

中国科学院院士　吴新智
2018年1月3日

陪你穿越到史前

　　人类的历史，可以分作史前史和文明史两个阶段。文明史并不难理解，它是人类有确切记载的历史。很多人也许并不很了解史前史的概念，史前的要义是指文明史之前的人类历史，是没有记载的远古历史，从人类诞生起，到有记述的历史止，便是史前史。

　　曾经有人将地球的 45 亿年历史压缩成 1 天，计算出晚上 11 点时，恐龙慢悠悠登上舞台，支配世界也只有半个多小时。午夜前 20 分钟，哺乳动物的时代开启，人类在午夜前 1 分多钟出现，而文明史不过是几秒钟的时长而已。我们要说的史前史，也就是这么 1 分多钟。

　　文明起源在时间上最早不过 8000 年前，这只占人类史的 1% 都不到，如果将人类起源后 300 万年的全史压缩成 1 天，那也就差不多是 2 分多钟。而且关于人类起源的历史上限还在往前提，这个 2 分多钟的文明史基本可以忽略不计。整个 300 多万年甚至更长的史前史，它经历了一个怎样的发展过程呢？

　　这个过程经历了——

　　人类诞生与进化，从猿到人，经历猿人类、原始人类、智人类、现代人类 4 个进化阶段。

　　人类社会产生与发展，由婚姻组成家庭，由氏族社会进入等级社会。

　　人类发明了用火和造火技术，由生食转变到熟食。

　　逐渐掌握制作工具技术，经历了旧石器时代和新石器时代。

　　发明农业种植和家畜饲养业，从采集游猎经济转入农业和畜牧经济。

　　发明建筑技术，由自然洞穴居所进入人工建筑居所，由时常迁徙进入定居生活。

　　因血缘氏族形成聚落，又因部落联盟筑城而居。城邑居民因生业出现分工，因贫富形成等级，因社会复杂化导致邦国建立，千城星罗，万邦林立。

　　逐渐形成埋葬死者的墓葬制度，信仰祖先神崇拜，这是史前造神运动的开始。

　　发明制陶技术，烹调水准提升。发明煮盐，有了基本的调味品，促进了体格健康。发明酿酒，主要用于祭祀仪式。

　　艺术由萌芽到发展，刻画和雕塑艺术渐趋成熟，彩陶奠定了史前至历史时期的艺术传统，这是由造神运动掀起的艺术浪潮。

　　琢玉由装饰器转向礼器制作，将造神运动推向又一个高潮，这是东方独有的文化传统。

　　中心城邑出现，宏大的治水工程见诸实施，建构起初级国家管理机构。

　　最后，人类终于走出混沌，文明诞生，王权与神权结合，国家出现。

我们所知的中国史前时代，也许只是大略知道旧石器时代和新石器时代，不知道还有这样丰富的内容，不知道有如此久远的历史。

如此久远的年代，我们如何了解它？

古代的先贤，也曾考究过这古老而漫长的时代，留下了一些神话与传说，三皇，五帝，便是那个传说时代的主人。对于史前更多的细节，那时代真实的面貌，他们不可能有真切的了解。

我们当然不能总是陶醉在传说时代，内心希望有真凭实据来说话。

现在我们不必着急了，有考古学家做向导，他们可以带我们穿越到史前。我们可以直接进入智人居住过的洞穴，可以直接进入新石器时代居民的废墟，可以发现史前真实存在过的许多场景与细节。

虽然年代如此久远，但那也是一个看得见摸得着的时代。考古学家通过考古发掘，发现了一个个史前遗址，那是史前先民生活过的地方。这遗址上保存着先民的创造，石器陶器依然那样精致。大大小小的茅屋，深深浅浅的火塘，似乎还有袅袅飘起的炊烟。排列整齐的墓穴，各种各样的随葬品，似乎隆重的葬仪刚刚结束。在遗址里我们可以发现史前人的所作所为、所思所想，你甚至还可以由他们留下的艺术品，揣摩先祖们当初的情怀与梦想，还有对宇宙的观察与理解。

考古学家将丰富的史前文化遗存揭示出来，将一些重要的遗址保护起来，兴建遗址博物馆向公众展示这些发现，兴建遗址公园供公众访古游览。在中国目前这样的博物馆已经建起20多座，数量还在逐年增加。

这些史前遗址博物馆各有特色，有旧石器和新石器的时代区别，也有南北地域的不同。有的是城址，有的是大型居址，也有的是墓地。在建设遗址博物馆的同时，有的还建成国家考古遗址公园。

例如属于旧石器时代及古人类遗址的博物馆，有北京周口店北京人遗址博物馆、南京直立人遗址博物馆，还有柳州白莲洞洞穴科学博物馆。

属于新石器时代仰韶文化的博物馆，有陕西西安半坡博物馆、宝鸡北首岭博物馆、河南渑池仰韶文化博物馆和郑州大河村遗址博物馆。

东北区域有辽宁沈阳新乐遗址博物馆、阜新市查海遗址博物馆、凌源牛河梁红山文化遗址博物馆、内蒙古敖汉旗红山文化博物馆。

各地属于新石器早中期的遗址博物馆有广西桂林甑皮岩遗址博物馆、浙江萧山跨湖桥遗址博物馆、余姚市河姆渡遗址博物馆和甘肃秦安大地湾遗址博物馆。

属于新石器时代晚期的遗址博物馆有杭州良渚博物院、济南城子崖遗址博物馆、青海乐都柳湾彩陶博物馆、民和喇家遗址博物馆和福建昙石山遗址博物馆。

这样多的史前遗址，这样多的遗址博物馆与遗址公园，对于大多数人来说，都走上一遍是不太可能的。好了，我们现在有了这样一套《中国史前遗址博物馆》丛书，可以弥补这个缺憾。你暂时走不到的博物馆，在丛书中可以读到。你也可以先由丛书寻找出你感兴趣的博物馆，有目标、有选择地去参观游览。

这套丛书的编写和出版，充分考虑到了读者的需求，资料科学可靠，文字比较平实，印制也很精美。这一套丛书，一册就是一位导游，也是极好的导览。或者可以说这丛书就是一张张请柬，就是一个个约定，邀你一起穿越到久远的史前，去探访先人居住过的地方，去历史长河的源头观赏一道道神秘的风景。

每走进一座史前遗址博物馆，相信你都会有不一样的收获。每一座博物馆，都有不一样的风景。当你从一座座史前遗址博物馆出来，对过去了然于胸，对现在信心倍增，对未来一定有了更多的期待。

就这样约定了，让我们一起走进史前遗址博物馆，去见识那久远的岁月，去会一会史前先民。

中国社会科学院考古研究所研究员　王仁湘

2018年春节于北京

东方庞贝·喇家

世界著名的意大利灾难遗址——庞贝古城——在公元79年古罗马时代因维苏威火山的突然爆发，瞬息之间，千年的繁华古城掩埋于火山灰与岩浆下，失去了昔日的辉煌。

位于中国青海省的喇家遗址同样也是一个灾难遗址，遗址定格了4000多年前的一处史前部落人们日常生活的最后瞬间。故仅就灾难遗址而言，喇家遗址堪称"东方庞贝"。

喇家遗址是中国考古发掘中第一处经科学印证的灾难遗址，位于青海省东部民和回族土族自治县官亭镇喇家村，坐落在黄河上游官亭小盆地的黄河北岸，面积为72万平方米。这里曾是黄河上游齐家文化时期的一处十分重要的中心聚落遗址，遗存文化内涵丰富，以齐家文化为主，兼有马家窑类型、辛店文化等多种文化。它以罕见的史前灾难遗迹而闻名，十分难得地保留了史前古地震和黄河大洪水以及山洪袭击的多重灾难遗迹，揭示出了距今4000多年前接踵而至的灾难摧毁"喇家村落"的灾变过程。喇家遗址揭示的史前灾变现象，反映了历史上多变的自然环境对人类社会的强烈影响，还可能印证了远古时期的洪水传说。

遗址中出土有丰富的文物，有陶、玉、石等珍贵器物，有国内罕见的大型石磬、世界上最早的面条，有因灾难而瞬间掩埋在房址内的成年女性怀抱幼儿遗骸的遗迹，还有壕沟、聚落建筑、陶窑、广场、祭坛和祭祀性墓葬……这些古代遗存为我们保留了史前人类生活的原始面貌，直观地反映出了先民的生活方式和生存状态。喇家遗址不仅是考古学的重要发现，而且其意义远远超出了考古学范畴。它为环境考古及多学科的交叉研究等提供了重要的资料，具有独一无二的科研价值，是不可多得的文物考古资源，也是中国文化遗产的重要组成部分。

喇家遗址以其特有的多重价值，独特的文物魅力，被评选为2001年度全国十大考古新发现，同年被公布为第五批全国重点文物保护单位，2005年被列入全国100处重点遗址保护项目，2012年3月喇家遗址博物馆获批成立，2013年12月喇家国家考古遗址公园项目立项。

喇家国家考古遗址公园将立足于遗址及其背景环境的保护、展示与利用，兼顾教育、科研、游览、休闲等多项功能，充分利用喇家遗址极为难得的史前灾难遗迹，以其独特性与珍贵性，打造国内唯一的"史前灾难考古遗址公园"。

喇家遗址博物馆是遗址公园中重要的展示平台之一，展示了喇家遗址前后历时13年考古发掘的重要成果和珍贵文物。让公众从遗址所蕴含的丰富的历史、考古、文化等多重信息中，领略时空、感受沧桑、体味人生，体会历史的深远，艺术的丰美；同时陶冶情操、增长知识、净化心境，提高人们的文化素养及文化素质。

为了将这一独特的史前遗迹展示给大众，中国博物馆协会史前遗址博物馆专业委员会将喇家遗址作为一个重要的组成部分收录到《中国史前遗址博物馆》丛书，《中国史前遗址博物馆·东方庞贝·喇家卷》综合了多年来数家考古单位的考古成果，通过通俗易懂的文字、图文并茂的形式，全面阐述了喇家遗址的地理环境、考古时序、重要发现、丰硕成果等，引导公众走近遗址、热爱遗址、保护遗址，有助于大遗址科研及保护成果全民共享。

此外，喇家遗址博物馆将通过喇家遗址的保护、展示，来有效地提高当地的知名度，实现社会和经济的双重效益；力求通过对喇家遗址的保护，努力带动区域社会、经济的可持续发展。坚持科学、适度、持续、合理地利用，追求喇家遗址的可持续利用，有效发挥文化遗产保护在经济社会发展中的作用，将喇家遗址打造成为一张青海历史文化的"金名片"！

喇家遗址博物馆馆长　何克洲

目　　录
contents

第一章　喇家文明

喇家遗址的地理环境 /2
    地理位置 /2
    生态环境 /3
    黄河岸边的文明 /6

喇家遗址的发现与发掘 /8
    喇家遗址的发现 /8
    喇家遗址的发掘过程 /9

喇家遗址的现状与价值 /15
    喇家遗址文化遗存现状 /15
    喇家遗址的研究成果与学术价值 /16

第二章　喇家灾难

东方庞贝　喇家遗址的多重灾难 /18
    灾难定格 /18
    猝不及防的地震与洪灾 /21
    灾难的形成 /22

灾难实录　绝望中的温情 /28

第三章　喇家聚落

中心聚落　或是一个遥远的城邦古国 /34
    宽大的壕沟 /35
    小广场 /36
    祭坛遗迹及高等级墓葬 /39
    礼仪性建筑 /44

社会形态　从信仰到社会秩序 /45
    信仰的载体——卜骨 /45

世俗权力的象征——王者之器 /47
喇家聚落的居住环境与格局 /52
多样化的房屋类型 /52
聚落分区 /59
遗址中心区域及深度 /59
建筑工艺的进步 /61

第四章 喇家生活

手工制造 /64
石器 /64
陶器 /68
玉器 /83
骨、角、牙器 /97
农牧业经济 /104
农业耕作 /104
家畜饲养 /105
狩猎 /106
饮食生活 /108
东西方文化的交流——壁炉 /108
"史前第一面" /111

第五章 喇家未来

喇家国家考古遗址公园 /114
获准立项 填补空白 /115
保护利用 科学规划 /116
挖掘文化 精心打造 /118
全面建设 激活旅游 /119

第一章 喇家文明

历史曾残酷地掩埋了很多灿烂的文明，却又仁慈地守护了无数辉煌的文化。位于青藏高原东部黄河岸边的一处齐家文化的史前遗址——喇家遗址，正是这段历史的缩影。它像一幅清晰的历史画卷，自然地缓缓展开，如同神话却沉淀着比神话更为真切的丰厚文化。

喇家遗址的地理环境

著名的临津古渡,又名"官亭渡口",是历史上连接甘肃、青海两地的要津,如今在古渡附近修建的大河家黄河大桥是甘肃进入青海的重要通道之一。一处被称为"东方庞贝"的史前遗址——喇家遗址就坐落于临津古渡东7千米处。

地理位置

喇家遗址位于青海民和回族土族自治县的(简称民和县)官亭盆地,官亭盆地是黄河上游谷地一个相对封闭的小盆地,盆地内是海拔1800米左右的黄河阶地,盆地周围是海拔超过2000米的山地。黄河自西向东穿过盆地,西有积石峡、东有寺沟峡。黄河南岸是甘肃省积石山县,北岸为青海省民和县。官亭镇以南约2千米的黄河岸边就是喇家村,喇家遗址就分布和埋藏于喇家村的地下。

季节性的吕家沟从北至南穿过喇家村，转折绕村而过，与岗沟汇合注入黄河。吕家沟将喇家遗址分割为南北两部分。按照考古发掘先后地点，考古学家把喇家遗址不同的发掘地点编号为不同的发掘区，现已编号的有十几个区，也可简单地把喇家遗址分为北、东、西三大区。吕家沟北部台地属上喇家村，为遗址的北区，均为农田，征集的大型石磬（现存青海省博物馆）即在此区出土；吕家沟南部为下喇家村，为遗址的东、西两区，村庄全部覆盖在遗址之上，发掘主要是在村庄东、西两端的农田，也有少数发掘选择在村子中间的空地。

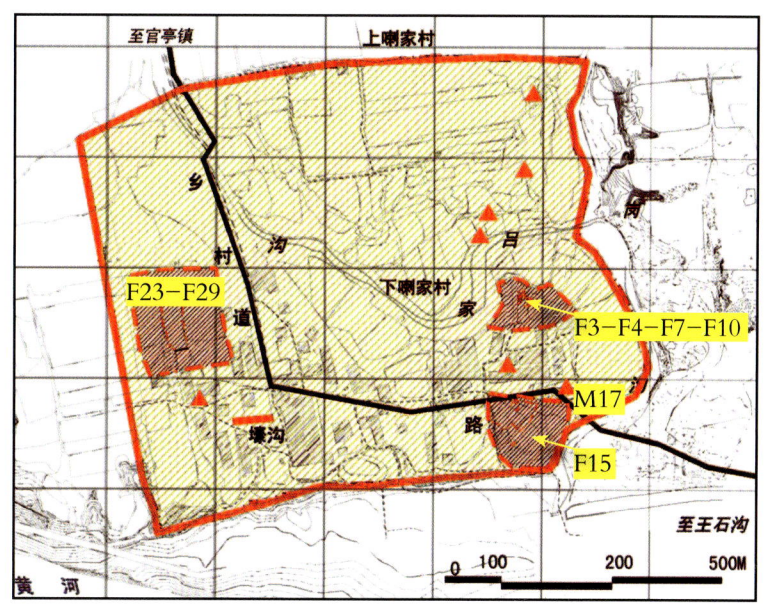

喇家遗址范围边界（F代表房址，M代表墓葬）

生态环境

官亭盆地自古以来被称为"三川地区"，此地平均海拔约1800米，是青海省海拔最低、气候最好的地方，黄河自西向东从盆地穿过，沿河发育有多级河流阶地，其中二级阶地分布范围最广。官亭盆地年均气温9摄氏度，无霜期200天左右，年均降水量350～400毫米，年日照时数2500～2700小时，属温带半干旱气候，土壤主要以灰钙土为主，适宜农业，如此优越的环境正是喇家先民定居此地的原因。

> 民和县三川地区位于青海省民和县南部黄河沿岸，因其境内有三条河流由北向南汇入黄河，被三条河流划分开的三块小型平原称为"三川"（三川即上川、中川和下川的统称）。当地及其附近的人们习惯称之为"川""川道"。三川地区因气候温暖、环境宜人、风光优美、土地肥沃、物产丰富，素有青海小江南之称。据古籍《秦边记略》记载：三川在明嘉靖时"水溉田畴""枣梨成林、膏腴向望、其地水草大善"。

青海省民和县官亭镇临津古渡

青海省民和县官亭泵站饮水动力渠

清代诗人吴栻曾作《三川杏雨》诗来赞美三川："曾将烂漫照三川，活色生香谁与怜。柳外青帘堪问酒，水旁红雨白成泉。千家门巷皆铺锦，十里园林尽罩烟。岂是中州文杏好，移来还待探怀贤。"

青海省民和县三川地区中川湿地

三川地区有不少湿地，主要分布在中川乡的草滩村、美一村、美二村、金田村等地，这些湿地自古以来就存在。

流经青海省民和回族土族自治县官亭镇境内的黄河，其北面就是喇家遗址的所在地喇家村（下喇家），对岸是甘肃省境内的积石山脉。

这里养育了三川儿女,分布有土、汉、回、藏等民族,是青海省土族主要聚居地之一,以纳顿节、社火、婚俗、民间文学、佛寺、刺绣为主要内容的土族文化多姿多彩。

青海省民和县三川土族社火

社火,在三川方言中被称为"秧过",它是三川土族文化的重要部分。其起源有"杨将军败逃说"与"秧歌儿演变说"两种说法。

土族纳顿节上表演的傩戏(面具舞)

青海省民和县三川土族纳顿节

喇家村以土族居民为主,土族是中国人口较少的民族之一,现有人口20来万,土族独特的风俗习惯是喇家村人文景观的一大特色。土族有本民族的语言,属阿尔泰语系蒙古语族。纳顿节是三川土族人民的传统节日,也是一种大型的文体活动和民俗祭祀活动。土族饮食以青稞、小麦、土豆为主,至今仍保留着牧业时期的痕迹,如喜喝奶茶、吃手抓肉和酥油炒面等。盘绣是土族独有的一种绣法,是土族妇女的必修课。盘绣用料考究,加工精细,绣时一般七色俱全,配色协调,鲜艳夺目,成品厚实华丽,经久耐用。土族民间盛行各种曲调优美的民歌,情节动人的口头文学,如叙事诗、民间故事以及"花儿""安昭"等。土族还盛行专门赛歌的"花儿会"。

黄河岸边的文明

目前被发现的官亭盆地黄河两岸的史前文化遗址包括新石器时代晚期的仰韶文化、马家窑文化和青铜时代的齐家文化、辛店文化、卡约文化，这些是研究中国西北地区史前文化发展的重要遗址。如果说黄河上游是中华文明的重要源头之一，那么齐家文化就是这一地区文明发展的关键阶段。喇家遗址坐落于黄河北岸的二级阶地上，是最具代表性的以齐家文化为主的史前遗址。

仰韶文化

仰韶文化距今7000～5000年，是我国黄河中游新石器时代的一种文化，发源于黄河中上游地区，分布在整个黄河中游，在今天的青海省到河南省之间。因1921年首次在河南省三门峡市渑池县仰韶村发现而得名。

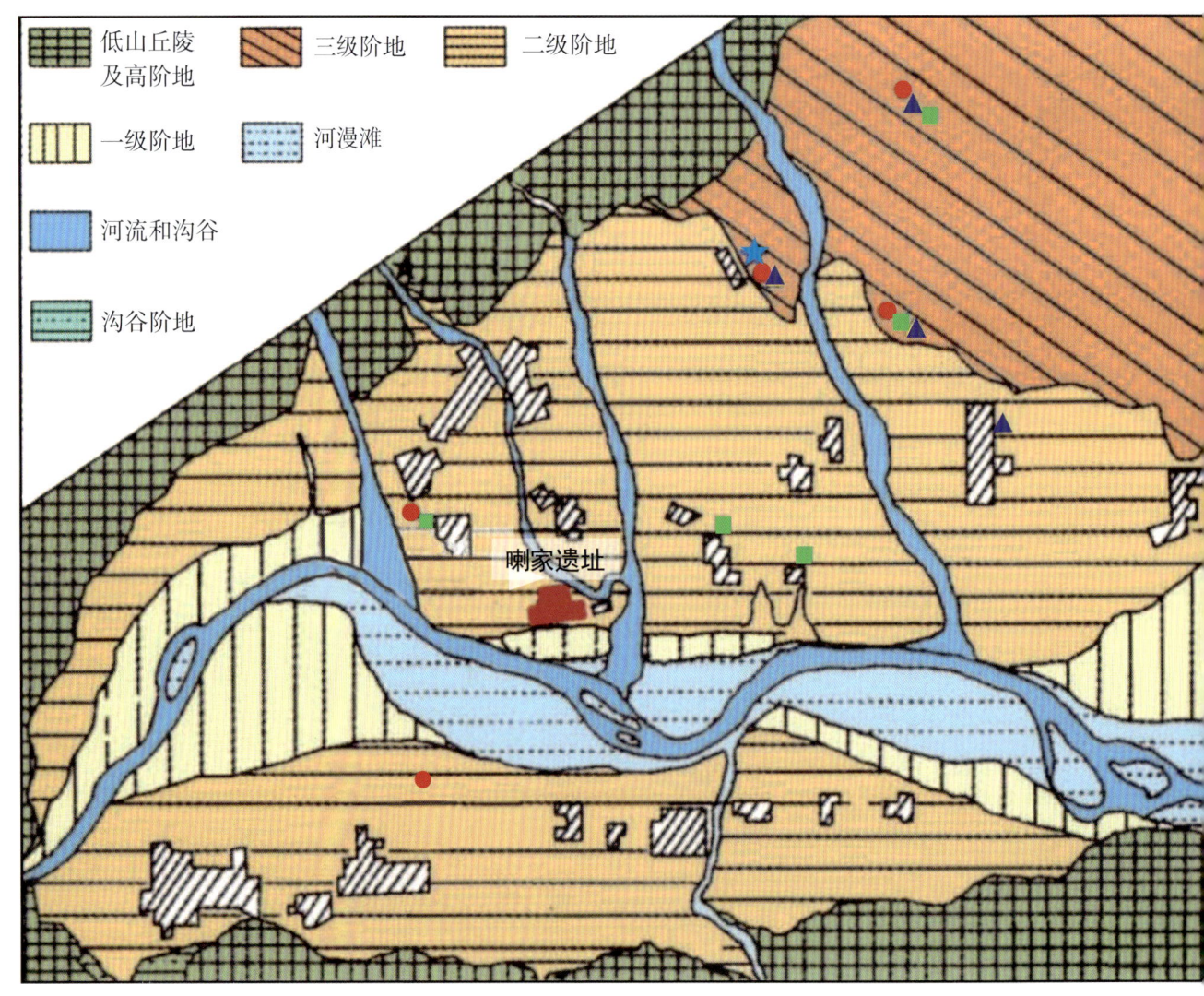

马家窑文化

马家窑文化距今5300～4000年，于1923年首先发现于甘肃省临洮县马家窑村而得名，因与黄河中游地区的仰韶文化有一定的承袭关系和内在联系，也被称为"甘肃仰韶文化"。它主要分布于甘肃中部、青海东北部、宁夏南部、四川北部的广大区域。

辛店文化

辛店文化距今3500～2500年，是继齐家文化之后在西北地区兴起的诸多文化之一，因最早发现于甘肃临洮辛店村而得名，分布范围主要甘肃洮河下游、大夏河流域和青海湟水流域。

卡约文化

卡约文化距今3500年，是中国西北地区的青铜时代文化。因发现于青海湟中卡约村而得名。主要分布在甘肃省境内黄河沿岸及其支流湟水流域。

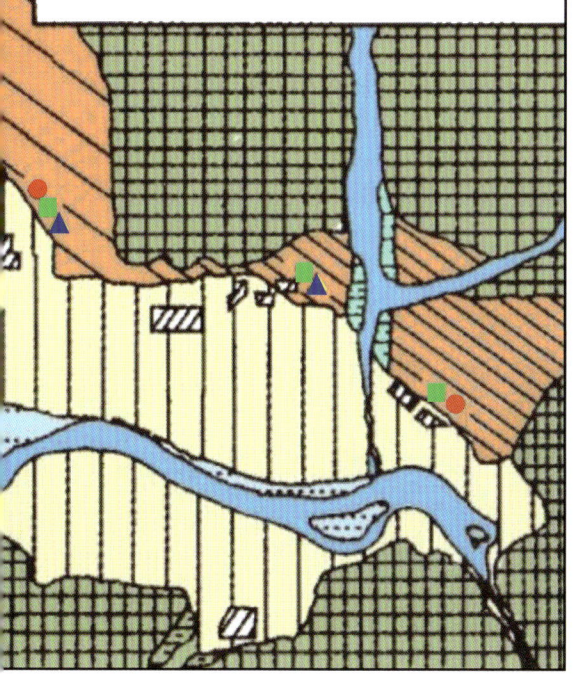

齐家文化是1924年在甘肃宁定县（今兰州市以南几十千米的广河县）的齐家坪遗址最先被发现的，从而定名，是中国西部黄河上游地区的史前文化，分布于甘肃大部、青海东部、宁夏西南部，距今年代4300～3800年。

齐家文化在中国历史上的位置是什么？

公元前10000年，旧石器时代向新石器时代过渡。以开始种植农业、磨制石器、制作陶器为特征。

距今8000～7000年，以甘肃秦安大地湾遗址为代表，有初步发展的农业。

距今6000～5000年，仰韶文化盛行，是新石器时代大发展时期。

距今5000～4000年，马家窑文化盛行，进入新石器时代晚期铜石并用时代。

距今约4000年，齐家文化盛行，中原地区诞生了夏王朝，进入青铜时代，辛店文化、卡约文化等紧随齐家文化之后盛行。

喇家遗址的发现与发掘

喇家遗址从发现到发掘前后经历了 30 多年,经过多年的考古发掘,考古专家们用手铲一点一点揭露并唤醒了这处沉睡 4000 多年的史前遗址。随着一个个惊人发现的陆续面世,远古的"地下谜案"渐渐展现在世人面前。

喇家遗址的发现

民和地区的考古事业起步较早。早在 1923 年,瑞典学者安特生以中国农商部矿业顾问的身份,在民和马厂塬、米拉沟等地做过大量的工作,开了考古工作的先河。1948 年,我国著名学者裴文中也曾到湟水流域进行过考古调查、复查,发现多处古代文化遗址。由于古文化遗迹分布广泛,地理位置重要,这一地区很早成为考古学家们关注的地区之一。新中国成立后,青海省文物考古部门曾多次对民和县境内的遗迹与遗物做过调查工作,掌握了大量的极为丰富和珍贵的一手资料,但由于人力、财力及各方面的原因未曾做过正规发掘。

> 1925 年安特生在他的《甘肃考古记》中所列的马厂期就是根据民和地区马厂塬这一地名而命名的,限于当时资料和研究水平,难免得出些错误的结论,但他对甘青地区古文化的一些认识仍有见地,即使在今天这些也是难能可贵的。

喇家村是一个土族人的村落,早在 20 世纪五六十年代,这里就发现过一些古人类活动过的遗迹。随着 20 世纪 70 年代初青海省农业形势的不断变化,特别是农田基本建设的蓬勃开展,兴修水利,平整土地工程大力推进,在大规模的动土工程中,出土了大量齐家文化玉器。当地村民们还经常从农田里挖出死人的尸骨,而且这些尸骨不像是在墓穴中,而是随意裹挟在泥土之中。通常情况下,考古发现的尸骸和生活用具,一般应出土于墓葬、房址、杀祭坑或其他特定环境,而喇家遗址出土的这种大规模散乱状态的遗物令专家们大为不解……是否喇家的文明就伴随着这些人类的死亡而消失了呢?这一特殊现象引起了考古专家的注意,为了揭开这个秘密,专家们决定在喇家村展开挖掘。随着考古发掘的深入,黄河水孕育的辉煌和灿烂的黄河文明逐渐成为世人关注的焦点。

喇家遗址发掘现场

喇家遗址的发掘过程

喇家遗址考古发掘前后持续30多年,其历史可分为2个阶段。

第一阶段:1981 至 2007 年

1981年5月22日,青海省文物考古研究所在此进行田野调查并将其命名为喇家遗址。随后在1982、1986年,青海省文物普查领导小组对该遗址进行复查。1986年5月27日,喇家遗址被青海省政府公布为第四批省级文物保护单位。

1998年,由青海省文物考古研究所、中国社会科学院考古研究所及民和县博物馆组成的联合考古队对该遗址进行调查,同时征集到石刀2件、马厂类型彩陶壶1件、齐家文化素陶罐4件。

1999年开始试掘，发掘出遗址中第一座齐家文化房址F1（F代表房址，F1指编号为1的房址），发现齐家文化时期的宽大壕沟遗迹，并出土了大量玉器，还发现了马家窑文化灰坑，并出土了不少彩陶片。

喇家遗址F1发掘现场

喇家遗址发现的马家窑文化灰坑

1999年喇家遗址发掘现场

2000年正式考古发掘，在喇家遗址东区发掘出F3、F4、F7。再次发现壕沟，由此推测，喇家遗址可能是拥有宽大环壕的大型史前聚落。

此次发掘还发现了大量有可能是意外死亡的人骨遗骸，由此被初步认定为史前灾难的遗迹，这一发现自然而然地将史前考古与环境灾变事件联系起来，开启了环境考古新的切入点。

环境考古助力考古发掘

考古所的科技中心和北京大学环境学院的研究人员，分别在喇家遗址上与考古发掘者合作开展多学科交叉的古环境研究，突出了以地学方法和手段的环境考古工作。环境考古与考古发掘同步，连续3年不断跟踪进行考察和采样，为探索喇家遗址古灾难原因，寻找灾害事件的科学证据，取得显著成果，初步确认了喇家遗址的地震和洪水灾害。考古学证据与自然环境证据相结合，互为印证，在地层关系、遗迹现象、埋藏学、年代学及其地学现象和环境背景方面都明显吻合，较好地解答了考古奇异现象以及遗址与环境变化的关系等问题。

喇家遗址F4出土的人骨遗骸

2001年,在喇家遗址发现F10,再次发现灾难现场。经过多学科专家进一步的考察与研究,考古人员发现了地震灾害证据,初步解开了喇家遗址灾难之谜。在东区南部发现小广场、奠基坑、杀祭坑、埋藏坑等遗迹,并发现保存较完整的F15,证实该遗址存在窑洞式建筑,并确认房址内有壁炉。

F15 地裂缝遗迹

这是F15清理到最后的情况,能清晰地看到,房子中间有一个很大的由地震形成的地裂缝。

2002年,喇家遗址扩大发掘小广场,发现两处特殊建筑,其中一座地面式建筑F20有12个柱洞,F21有9个柱洞,推测为干栏式建筑,并发现广场上的土台及祭祀性质的墓葬。同时,发现世界上最早的面条实物。在广场北边发现了土台子的迹象,在高于广场地面约1米的土台子上,比较集中地清理出10余座可能是祭祀性埋葬的成人竖穴墓和儿童小坑墓。特别值得提及的是,在发掘土台东部低处位置的范围时,在土台缓坡边缘上的砂层堆积中,发现一件罕见的齐家文化大玉刀,其复原尺寸长达67厘米,做工十分精致。

喇家遗址大玉刀出土现场

2003年又在这块发现土台子的范围内继续向西扩大发掘，发现了土台上的人工加工硬面和人工堆积，从而确认为人工土台。专家从之后的发掘情况判断，该土台可能是一个多用途的齐家文化祭坛。齐家文化祭坛的发现，是喇家遗址考古的又一次重大收获。

2004年，首次发掘喇家遗址西区，发现不同类型的建筑居址。在F23中再次发现灾难中的遗骨及砂脉、喷砂，进一步充实了地震证据。

2005年，新发现一批辛店文化墓葬。

2006年，尝试性发掘位于喇家遗址北区的疑似史前旱作农业耕地。

2007年，在喇家遗址发掘北区，新发现一批齐家文化儿童墓葬，并发现齐家文化房址打破洪水红土堆积，这表明遗址经历了多次洪水灾难。同时，发现辛店文化叠压齐家文化的地层堆积。

第二阶段：2014年至今

2014年，青海省文物考古研究所、四川大学考古学系、成都考古研究所、喇家遗址博物馆联合在遗址建设区域内开展考古发掘。发现丰富的马家窑文化、齐家文化和汉唐时期遗存，发现喇家遗址第一座齐家文化陶窑，发现F47、F52、F56这3座房址共用一处门前场地的遗迹组合及带有柱洞的F35，发现仅随葬玉料的M36，发现地震留下的多处裂缝及漏斗状喷砂遗迹。

2015年，青海省文物考古研究所、四川大学考古学系、喇家遗址博物馆在喇家国家考古遗址公园建设区域内进行考古发掘，发现齐家文化、辛店文化和汉代遗存；在遗址发掘出3座受灾难损毁的齐家文化房址，发现多具裹挟于红土中的人骨遗骸，发现地震留下的剧烈地表形变迹象及多处裂缝；在遗址东区北部集中发现辛店文化灰坑及地层堆积；在遗址南区解剖了一段壕沟，明确了壕沟的深度与宽度，并发现了齐家文化房址打破壕沟的层位证据；在遗址南区还发现了汉代

喇家遗址出土的齐家文化时期的陶器

带有上下台阶、底部连为一体的3座灰坑。

2016年6～12月，考古人员对喇家遗址进行了为期6个多月的田野工作，发掘面积600平方米，并取得了一些较为重要的成果，发现遗迹共计37处。其中，房址4座、灰坑24个、灰沟6条、壕沟1条、墓葬1座、柱洞圈1个，出土陶器、石器、玉器、骨器等诸类标本达数百件。初步整理分析，此次发现有马家窑文化、齐家文化和辛店文化，其中以齐家文化遗存最为丰富。此次还出土了较为丰富的齐家文化时期遗迹和重要遗物，比如壁炉、壁龛、壁灯痕迹、灶、器座坑等，其中，壁炉结构清晰，并发现了明确的烟道，有助于更加准确地了解当时壁炉的结构和用途，还发现了疑似壁画等。

F63中发现的壁炉

2017年，经国家文物局批准，青海省文物考古研究所、四川大学考古学系、喇家遗址博物馆组成联合考古队，在配合喇家国家考古遗址公园建设的同时，开展了一定的主动性考古发掘，发掘地点位于喇家遗址的东南部。这次发掘成果包括发现马家窑文化和齐家文化时期遗存：马家窑文化灰坑1座，近圆形，出土有彩陶壶、彩陶盆、彩陶钵、翻沿罐、陶球、石球、石凿等；齐家文化灰坑1座，长条状，出土有高领双耳罐、双耳罐、单耳罐、侈口罐、双大耳罐、盆、石刀、刮削器、盘状器及玉器等。

喇家遗址的现状与价值

喇家遗址是一处新石器时代晚期的大型聚落遗址，自1999年以来，中国社会科学院考古研究所、青海省文物考古研究所、民和县博物馆组成的联合考古队，对喇家遗址进行了多次挖掘，取得了诸多重大考古成果。

喇家遗址文化遗存现状

遗址内分布着马家窑文化、齐家文化、辛店文化等多种类型的史前时期与青铜时代的古文化遗存。其中，遗址主要为齐家文化中晚期遗存，尤其是发掘出非自然性、突发灾难事件而死亡的群体人骨遗骸，揭示出前所未有的齐家文化时期的灾难遗迹，是我国考古学上的重大发现。

喇家遗址出土了千余件文物，主要有石器、陶器、玉器、骨器等；发现各类房址60余处，包括马家窑文化、齐家文化、辛店文化等时期的遗存；发现灰坑、壕沟、墓葬、柱洞圈等大量遗迹。此外，还出土了大量动物骨骼等。

针对不同的遗迹和遗物，考古人员也采取了不同的保护措施。鉴于对遗迹本体的保护，有的搭建了保护棚，有的做了加固处理，有的表面覆盖塑料膜等，有的发掘区保留了遗迹现场，有的遗迹做了保护性回填等。

2000年为应付雨季在3、4号房址上搭建的临时保护棚

喇家遗址的研究成果与学术价值

喇家遗址发掘的重要成果及其学术意义，归纳起来有以下 4 个方面：

科学价值

喇家遗址中齐家文化时期史前灾难现场的发现，揭示出距今 4000 年前后黄河上游的史前灾变事件，其中包括大洪水和地震等多重灾害。这不仅是考古学的重要发现，而且其科学意义远远超出了考古学的范畴，包括动物考古、植物考古、地学考古以及其他涉及分子生物学等多个大类，对人们认识环境变化、气候变化、地震灾害、洪水灾害以及防灾减灾等方面，有着重大的价值。同时，灾难现场保留下了诸多先民生活的原貌，更是十分难得的考古研究资料。

历史价值

喇家遗址是以齐家文化为主，兼有马家窑文化、辛店文化等不同文化内涵的聚落遗址。喇家遗址是黄河上游地区齐家文化的一个重要的中心性聚落遗址，发现了许多齐家文化过去从来没有被发现的新的现象和内容，在考古学研究中具有特别重要的学术意义，是西北地区距今 4000 年前后一个非常重要的考古课题，具有特别重要的历史价值。

艺术价值

在喇家遗址出土的千余件文物中，玉刀、玉璧和石磬等遗物形体巨大，工艺高超，实属罕见。喇家遗址窑洞式建筑的确认，对于黄土地带史前聚落形态类型的研究、窑洞式建筑的发展历史研究及中国古代建筑的起源与发展研究具有非常重要的意义。

社会价值

喇家遗址的考古发现，具有特别重要的社会效应。喇家遗址的灾难遗存，也具有极其重要的社会效应，受到广大群众的关注，也受到专家们的高度重视，对于史前灾难现象的认识和对于当代的防灾减灾工作，都有重要的参考、借鉴意义。

第二章

喇家灾难

喇家遗址中的遗迹和文物，不仅证明了早在4000多年前的史前时代，中国西北的黄河上游地区就曾经有古人类活动，而且也说明他们还创造了相当灿烂的古文明。但是从已有的考古证据来看，一个巨大的疑问凸显出来，这就是在大约4000年前，这一地区的人类活动为什么突然消失了？是什么样的灾难将喇家先民掩埋在地下？

东方庞贝 喇家遗址的多重灾难

喇家遗址内涵丰富，尤以罕见的灾难遗迹而闻名，遗址内十分难得地保留了史前大地震和大洪水等多重灾难，揭示了4000多年前，先地震，后洪水，接踵而至的灾害，把史前聚落彻底摧毁的灾变过程，直观地再现了齐家文化时期先民的生活方式和生存状态以及人与自然的相互关系。北京大学环境考古学专家夏正楷教授以"东方庞贝"来形容这处我国首次发掘的大型史前灾难遗址。

意大利庞贝古城

据记载，庞贝城是由奥斯坎斯部落兴建的，它曾是一座人口稠密、商旅云集的小城。公元前89年，庞贝城被罗马人占领，成为罗马共和国的属地。到公元79年为止，这里已经成为富人的乐园，贵族、富商纷纷到此营建豪华别墅，尽情寻欢作乐。庞贝城人口超过2.5万人，成为闻名遐迩的酒色之都。庞贝城曾两遭灾害，公元62年2月8日，一次强烈的地震袭击了这一地区，造成了许多建筑物的毁塌，我们今天在庞贝城看到的许多毁坏的建筑都是那次地震造成的。地震过后，庞贝人又重建城市，而且比之前更加奢侈豪华。公元79年8月24日，维苏威火山突然爆发，厚约5.6米的火山灰毫不留情地将庞贝城掩埋。

灾难定格

2000年，时任"黄河上游官亭盆地古遗址群考古研究"区域调查课题负责人、著名考古学家王仁湘来到喇家遗址，在遗址东区先后发掘出4座齐家文化房址。其中3座房址（F3、F4、F7）皆发现了人骨遗骸，其中仅F4就发现了14具人骨。

F4面积约14平方米。在不大的房址里，为什么会留下如此多的人骨？14具人骨一组组地呈不规则姿态分布在居住面上，他们有的匍匐在地，有的侧卧在一旁，有的相拥而死，有的倒地而亡，有的大人怀抱着孩子，有的好几具骨架拥在一起。考古人员按室内位置将这14具人骨分为6组：

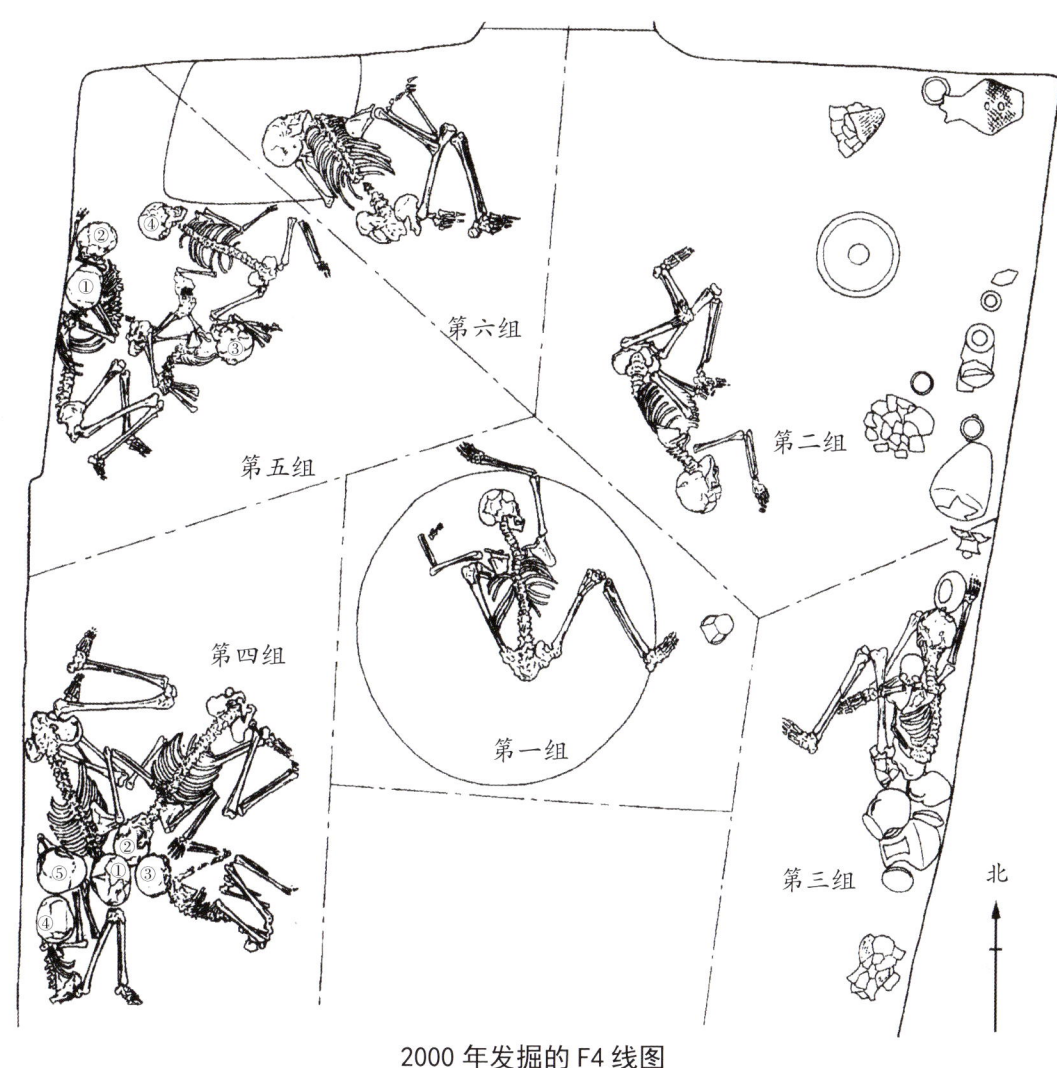

2000年发掘的F4线图

第一组仅1具人骨，位于居室中央灶面之上，男性，年龄15～17岁。整体姿势匍匐向前，挣扎在泥泞中。

第二组亦为1具人骨，性别不详，年龄8～10岁。其右下肢反折于胸前，只有在强有力的撞击或挤压条件下方可形成肢骨反折现象，这种姿势显示出在某种力量撞击或挤压下侧卧于地的状态。

第三组有2具人骨，年长者为女性，年龄28～30岁，另一个性别不详，年龄在1～2岁。从这组人骨的年龄和性别上分析，应为母子或母女关系。幼儿面向母亲，身体紧贴于母亲怀中，右臂紧紧搂着母亲腰部。

第四组有5具人骨，位于房址西南角，相聚集中而死（图中以①②③④⑤标记）。①为男性，年龄14～18岁，左手压于②人骨脊椎之上，右臂因人骨叠压未能清出，仅露出局部，似伸向⑤腰部，①的形体姿态表现出似乎想以其身保护他人的愿望。②为男性，年龄11～14岁，左、右臂向前弯曲呈匍匐状，左手指紧压于③右手腕部，似在用左手紧拉③右手。③性别不明，年龄7～8岁。④为男性，年龄10～13岁，呈席地跪坐状，上身前倾，紧贴⑤，左侧紧贴居室西壁。⑤为女性，年龄30～35岁，背部倚墙，身体略前倾，呈跪坐状。第四组人骨，除⑤为成年女性外，其余3具均为儿童，1具为少年。

第五组有4具人骨（图中以①②③④标记），位于居室西北部，这组人骨均为儿童，相拥而死。①为男性，年龄10～13岁，①压于②上。②性别不明，年龄6～8岁。③性别不明，年龄4～5岁，身体蜷曲团缩在一起，骨架严重扭曲错位，有可能原为蹲跪状，后倒向一侧所致。④性别不明，年龄3～4岁，右臂下垂弯曲，左臂压于胸下，下肢均屈呈蛙状，身体紧贴于地面。

第六组仅1具人骨。为男性，年龄40～45岁，是房址内最年长的男性。

从这个房址中,我们看到了突发灾难的迹象。14人中有11个未成年人,这么多未成年人,显然不是出自同一个家庭,而是应急躲避到了这座房子里。然而灾难还是发生了,这房子成了他们共同的坟墓。房址内,站在中间部位的小伙子举起双手,像是要托起就要倒塌的房顶;门口的中年汉子身体向西而俯卧于西北角坑沿旁,也许他试图封堵入水口,但是受到自东向西而来洪水的猛烈冲击而倒卧于地……

2001年发掘出1座房址——F10,也发现了两具非正常死亡的成年人遗骸。

喇家遗址F10遗迹

F10由门道、居室两部分组成:门道平面呈长方形,内部堆积为较致密的灰褐色土,含少量淤沙;居室平面呈长方形,内部堆积为较致密的灰褐色土,含少量淤沙、少量草木灰、白灰颗粒、少量碎石块。在靠近门道处发现2具人骨。

这些已被封存了4000多年的一幕幕悲剧场景,现在看来依旧是惨不忍睹。

是什么原因将这场灾难发生的一刻定格下来?是天灾?还是人祸?到底是什么原因夺去了这么多无辜的性命。

猝不及防的地震与洪灾

这些非正常死亡的人骨遗骸得到了王仁湘先生的特别关注，但他又无法找出其非正常死亡的具体原因，或者说，是什么毁灭了喇家文明和喇家聚落。于是，王仁湘先生邀请北京大学环境考古学专家夏正楷教授来到喇家遗址，参与喇家遗址的发掘工作，之后考古人员对喇家村进行了细致的考察与研究。

夏正楷、王仁湘等考古专家在喇家遗址考古发掘工地现场

今天的喇家村是一个有500多人的土族村庄，村庄之下掩埋的便是喇家遗址，从规模上而言，喇家遗址的规模要比喇家村大得多。喇家村居民早期是同宗同族聚居的，而现在的村落是几十甚至上百户为一个自然村，村中以喇姓为大姓。行政村实际上是若干家族村的联合，在一定程度上仍表现出聚族而居的特点。

考古学家对当地的地质进行了考察与研究，他们在喇家遗址内发现了洪水的棕红色黏土和砂质沉积物。随后，他们由此复原了洪水泛滥时的场景。

4000多年前，喇家遗址所在地先是爆发了一场地震，震后不久，紧接着发生的多重灾难一路袭向黄河北岸的三川地区，曾经富饶的官亭盆地以及盆地内灿烂的文明遭遇了灭顶之灾。喇家人的非正常死亡之谜和喇家聚落的毁灭原因被逐渐揭开——地震等多重灾害导致了喇家先民的灭亡。

灾难的形成

目前，喇家遗址史前大灾难的具体成因说法不一，有人认为是古地震破坏了喇家聚落，之后黄河特大洪水将其彻底摧毁并掩埋；还有人说是古地震引发上游积石峡山体滑坡崩塌，在黄河上形成了堰塞湖，不久发生溃坝，形成毁灭喇家遗址的异常堰塞湖洪水；也有人说是古地震破坏了喇家遗址，之后源自吕家沟的山洪将其彻底摧毁并掩埋。

归根结底，就是没有搞清楚覆盖在喇家遗址齐家文化聚落和人类遗骸之上的红色黏土层的性质和来源。但是统一的说法是：首先引起喇家聚落灾难的是一场地震，而后的紧接着发生的灾难才彻底摧毁了聚落。

地震导致喇家聚落先民死亡

史前时期，官亭盆地并非如现在这般平静，根据种种迹象，专家推测喇家聚落中民众的非正常死亡现象，与当时的一场强烈地震有关。

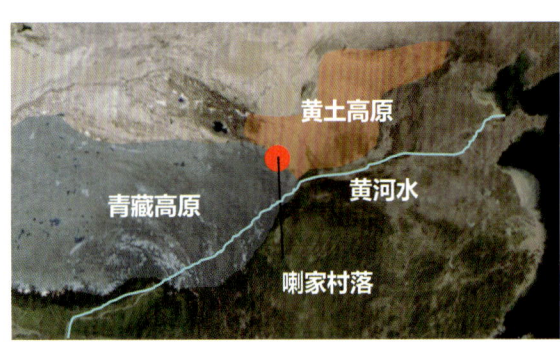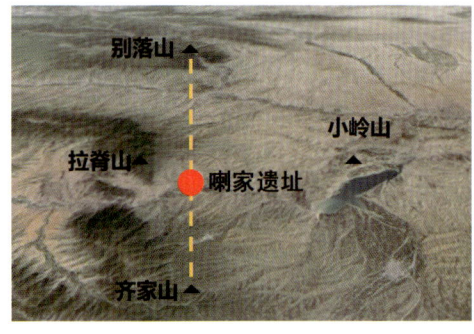

喇家遗址位置与黄河、拉脊山系关系示意图

官亭盆地地处青藏高原的东北部，这一区域新构造运动活跃。喇家遗址恰坐落于拉脊山断裂带上，地震发生的危险度较高。

在喇家遗址发现了多处地震裂缝、地面折皱起伏和地震的砂管现象，反映地震确实对遗址有过强烈影响。

砂管现象

地震发生是因为在构造运动等作用下，当地应力达到并超过岩层的强度极限时，就会发生突然的变形、剪切破裂，或者沿已经存在的破裂面突然错动，能量会以弹性波的形式突然释放，引起地面强烈震动，形成地震。地震发生时可能形成地裂缝，地下饱水砂层在强大的能量作用下发生液化，砂水混合物沿地裂缝上升，在地层中形成砂管，喷出地表形成喷砂；猛烈喷出的冲击力可将地表冲出一个形如爆炸的漏斗状砂管，将砂喷至堆积坑内或流动到低洼处形成沙坑。砂体大量涌出，局部地下被掏空，致地面塌陷。

遗址小广场局部地面因地震剧烈变形，导致遗址地面发生形变，地裂缝两侧的古地面发生明显的断裂、错落和翘起，形成60°的严重倾斜。在遗址西区的一个窖藏坑内，有一条清晰的地裂缝穿过了整个坑，从窖藏坑的另一个方向可以看到地裂缝延伸得很长，而且裂缝中喷出许多砂子堆积在上面；在地层剖面中还发现有规模较大的地震留下的砂管，有的喷砂厚达半米，延续数十米。

小广场上的地震现象

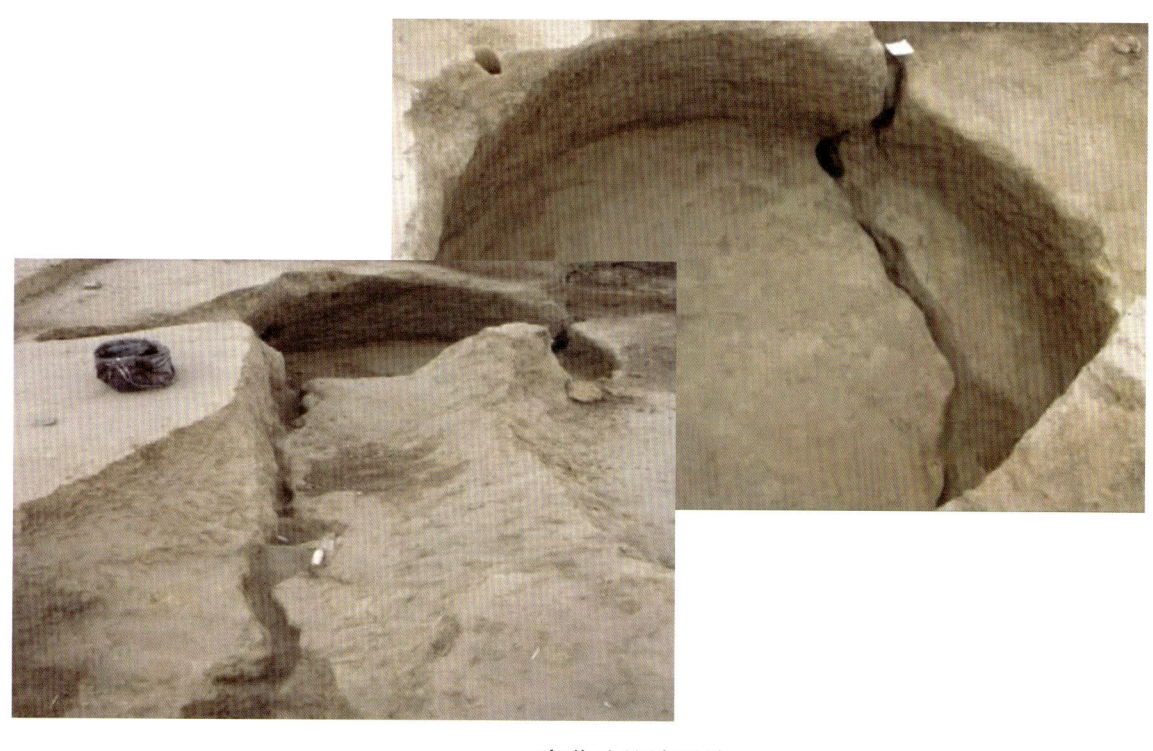

窖藏坑的地裂缝

淹没喇家聚落的推测

黄河大洪水说

有专家对遗迹、遗存研究分析后,认为充填在房址里的红黏土与遗址周围以及覆盖在遗址上的红黏土基本相同,具有漫洪沉积的粒度特征,这种红黏土堆积不仅在官亭盆地黄河两岸的二级阶地,而且在官亭盆地上游的循化盆地黄河二级阶地上也有广泛分布,应该是黄河泛滥的产物。这种推测也有一定的道理。今日的黄河上游,即流经喇家遗址的青海段,发生洪水灾害的可能性十分渺茫,然而在史前时期,黄河上游的生态与今日俨然不同。在河流的切流和地质构造的共同作用下,在黄河河流所经之地,形成一种河流和峡谷相互交替的非常奇特的地貌现象,有人称它为"串珠状盆地",比如龙羊峡—贵德盆地—李家峡—循化盆地—积石峡—官亭盆地,这种地形特点,一旦遇到了地震导致的堰塞和特大洪水,

黄河上游的官亭盆地中溃决洪水所形成的台地

就可能发生流水不畅、堰塞湖的问题，加重洪水的危害。数据显示，距今4000～2750年，盆地内黄河洪水曾泛滥了数十次，这段时间是洪水的多发期。

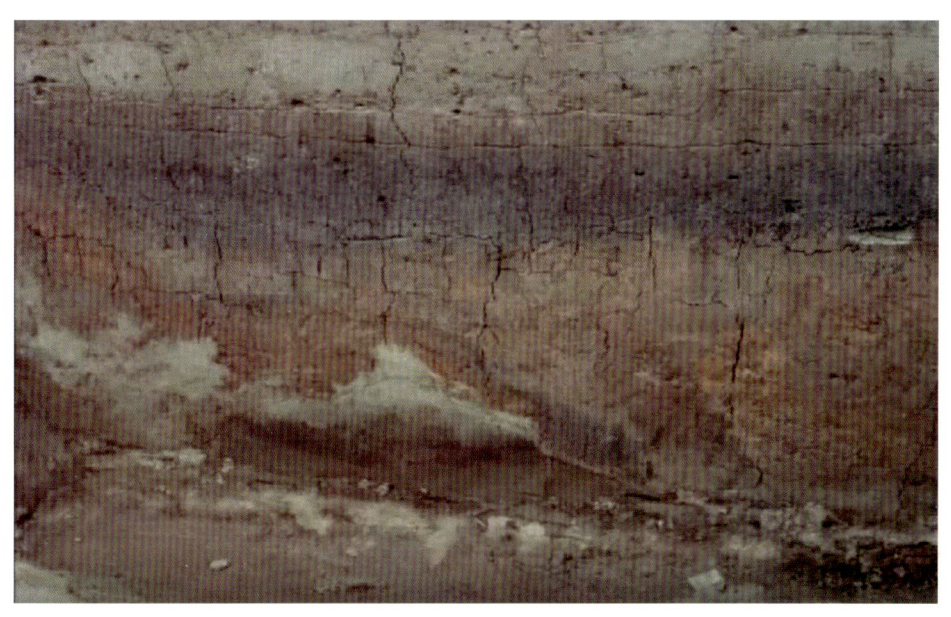

洪水的沙波现象

发掘过程中，考古人员在地层中间发现了洪水的沙波现象，下面有一些黄土，地质学家认为是沙子，是黄河泛滥的大洪水把地面的沙子拖曳起来的一种沉积的状态，上边发红的部分是黄河大洪水形成的淤泥，覆盖在下面的沙子上，形成了洪水堆积物。这是证明黄河大洪水的一个很重要的证据。在遗址的外围，一些很明显的村沟边上，还能清楚地看到洪水覆盖物，这些洪水覆盖物全是红色的，分了很多层，每一层都证明发了一次洪水。古环境专家在喇家遗址找到了这些证据，从而提出了黄河大洪水说。

积石峡中溃决洪水的沉积物

一个科研团队，包括来自北京大学、南京师范大学、中国地震局、斯坦福大学、珀杜大学、中国社会科学院考古研究所、哈佛大学、中国地质科学院地质研究所、青海省文物考古研究所等多个机构的研究人员，经过对黄河上游地质、喇家灾难遗址调查后，得出结论，喇家遗址的灭顶之灾，可能就来自黄河大洪水。

山洪说

专家通过对遗址区中所出土红黏土的地貌分布、沉积特征和粒度特征进行分析，得出喇家的灾难与洪水平流沉积的特征吻合，认为红黏土是由黄河大洪水带来的上游和河岸第一阶地与第二阶地交汇地带的基岩红黏土。在遗址西南部的F15中红黏土下发现了1米厚的山洪沉积物，遗址西南部地区受到山洪影响为主，这也是山洪出现要早于洪水的有力证据。

F15 中红黏土下的山洪沉积物

F15 是一座保存得非常好的房址，这是发掘现场上面部分的状态，看得出来上边的这种堆积物是很明显受到洪水冲击形成的冲积物。

泥石流说

在喇家遗址地层中齐家文化时期古地面被数组地震裂隙分割，专家发现有一层团块状的、鲜艳的红色黏土覆盖了遗址的古地面，并且填充了地震裂隙，但是红色黏土中没有发现地震裂隙。据此推断出地震发生的时间在前，红色黏土是在地震发生之后较短的时间段内堆积形成的。经考古挖掘，发现地震及其造成的地面断裂和变形使喇家遗址齐家文化时期的房屋发生严重倒塌，但这并不是造成喇家遗址齐家文化彻底毁灭的主因。灾难现场有大量的人类骨骼完整地被红色黏土直接包裹，说明这些人的死亡与红色黏土有直接关系。所以，这层红色黏土的性质和来源便成为解释喇家遗址灾难成因的关键。

专家通过地形图判断和实地考察，认为红黏土不是洪水堆积，而是源自盆地北部山地泥石流的产物，遗址所在的冲击平原是泥石流冲击而成的，在喇家遗址中表现为仅覆盖并毁灭了聚落的东部，而西部没有影响，这也是为什么遗址东部有大量非正常死亡人骨发现而西部没有的原因，同时也否定了黄河大洪水是导致喇家聚落被毁的原因。

遗址北侧大红山的特殊地貌

堰塞湖说

还有专家认为地震引发官亭盆地上游 25 千米处的积石峡山体滑坡、崩塌，在黄河上游形成了巨大的堰塞湖。4000多年前，在强地震的作用下，堰塞湖发生部分溃决，造成异常大洪水，将喇家遗址毁灭。

总之，根据地层关系，洪水等堆积年代晚于地震发生年代。根据砂脉形成原理，洪水等发生的时间与地震发生的时间相隔很近，几乎同时发生。

所以，造成喇家遗址毁灭的原因是几乎同时遭到地震及洪水等灾害的破坏。地震对喇家遗址进行了最初的破坏，紧随其后的洪水等对遗址进行了最后的摧毁，喇家遗址现在所呈现的现象，是地震与洪水等多重灾害叠加的结果。

灾难实录 绝望中的温情

广义的灾难现场，喇家遗址有很多。狭义的灾难现场，特指埋藏了灾难死亡人骨的房址。目前考古发现的有灾难死亡人骨的房址共5座，约占已发现的同时期房址的1/5。它们是F3、F4、F7、F10、F23，共清理出25具人的尸骨。其中F23位于遗址西区，是一个男人保护一个小孩，整个人骨姿势扭曲异常，而最奇特的是这个小孩嘴上还叼着饮水的小陶杯。每一座房址都保留了灾难发生那一刻的场景，绝望、惊恐的表情令人震惊，温情的守护和拼尽全力逃生的瞬间让人感动……

喇家遗址F3居室内有两具人骨，一位成年女性紧倚房壁，双膝跪地，双手紧紧搂着怀中的幼儿，面仰苍天，绝望中似乎在乞求生路，生死离别，她没有放弃怀中幼童，她用身躯树起了一尊人间大爱的崇高雕像……

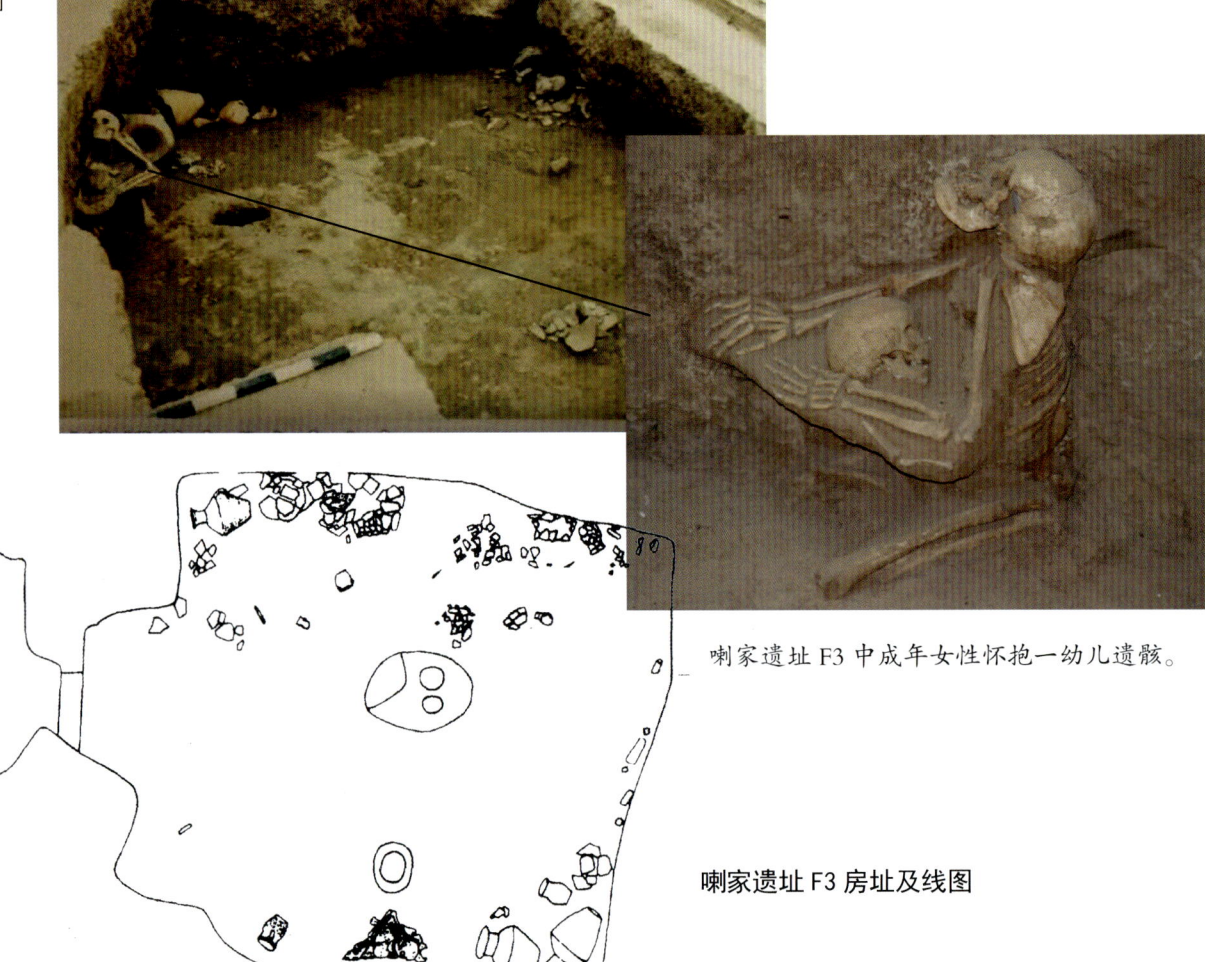

喇家遗址F3中成年女性怀抱一幼儿遗骸。

喇家遗址F3房址及线图

喇家遗址F4居室内共发现14具人骨，也是目前发现人骨最多的房屋。房址内一位成年女性怀抱一幼儿，蹲踞依靠在墙边，屈膝跪地，身体前倾，右手撑地，左手把幼儿紧搂在怀中，脸颊紧贴幼儿头顶，幼儿蜷缩在她的怀中。居室中心火塘上方是一位16岁左右的男性，他身体下俯，双手上举，看他的姿势，很像是在房屋坍塌时，想要支撑住屋顶，但是他无法阻挡灾难的发生。东边有一具8～10岁的儿童遗骸，其右下肢胫腓骨反折于胸前，可知其受到强力撞击，或挤压卧地的凄惨场景。门道内西侧的一具遗骸，是居室内最年长的男性，年龄40～45岁，颅骨与颈椎分离，左下肢卷曲于胸下，似乎在封堵洪水进入，在猛烈冲击下倒卧在地，被洪水淹没而死。

一位成年女性怀抱一幼儿，再现了这场自然灾害的残酷无情，也展现了人性的美好与善良。

这是5具人骨集中在一起的情景，其中一个岁数大的女性周围是4个年幼的孩子，发生灾难时孩子都跑到她跟前，最后房子倒塌，他们都被埋在了下面。

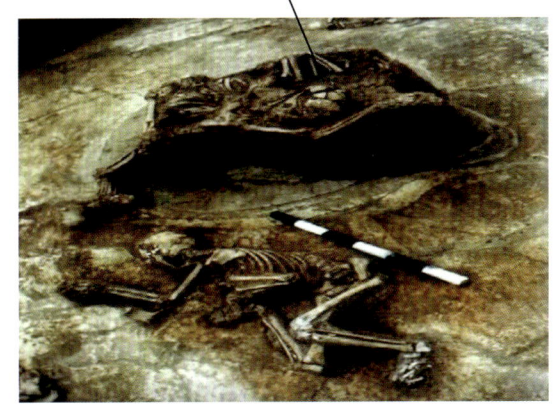

这是一位16岁左右的男性，在灾难来临时想要用双手支撑屋顶的场景，再现了在自然灾害面前人类的无助与挣扎。

喇家遗址F4场景

喇家遗址F7内的人骨遗骸

喇家遗址F7内有4具人骨，除一具疑似男性人骨被毁，仅剩一条腿骨外，其余3具人骨保存完整。有2具人骨双腿向上翻折，躯体呈蛙状；一具成年女性紧俯地面，左臂下紧紧护着一幼儿。女性身旁另一具小孩人骨亦俯身紧贴地面，一条地震大裂缝从小孩西侧穿过，将小孩的左臂撕裂分置于裂缝两侧。根据以上种种迹象，专家们推测在这座房址中，2具人骨严重变形的原因是受到居址顶部窑洞倒塌土块砸击所致。

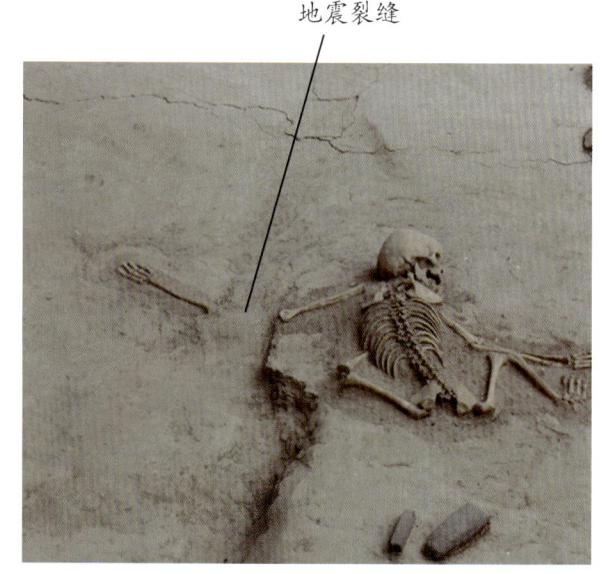

F7内，一条地震大裂缝从小孩西侧穿过，将小孩的左臂撕裂分置于裂缝两侧。

喇家遗址F10内的人骨遗骸

喇家遗址F10发现有两具成人遗骸，根据遗迹，专家推测两人同时奔向门道逃生，最终因房顶垮塌，倒地而亡。其中一具是青年女性，其盆骨内发现有一具胎儿髋骨，由此断定该女性为孕妇；另一位年龄为35～40岁的女性，被重击，双腿翻折于胸部紧贴地面，双手伸出。这些遗骸的姿态真实地再现了地震来临时人们惊恐奔逃的场景。

喇家遗址F10的人骨遗骸的不同视角图，再现了人类对地震的恐惧。

F23位于喇家遗址西部，其内有一具男性遗骸，怀抱一小孩，小孩嘴上还叼着饮水的小陶杯……这一幕不禁让人潸然泪下，人间的悲情不过如此，自然灾害剥夺的不仅仅是生命，而且是对人们精神的无尽摧毁与重创！

F23人骨遗骸发掘现场

F23人骨遗骸发掘现场

F23出土的两具人骨，成年人搂抱着幼儿，幼儿嘴巴上正叼着饮水的小陶杯。或许在灾难来临时他们根本没有防备，还正享受着亲情的温暖。突如其来的灾难剥夺了他们本该更加美好的生活，生命戛然而止，历史从此定格。

F23幼儿遗骸（局部）

第三章 喇家聚落

考古人员在喇家遗址发现了宽大的壕沟、小广场与广场上的礼仪建筑、祭坛和高等级墓葬,以及卜骨、大石磬、大玉刀等代表身份的器物,这些遗迹显示出官亭盆地区域是齐家文化时期一处颇为重要的中心聚落,也可能是当时的社会权力中心或古城堡。

中心聚落 或是一个遥远的城邦古国

这里的"中心聚落"当然是指喇家遗址中齐家文化时期的聚落,喇家遗址齐家文化不论是从文化鼎盛还是从部落规模上,都远远高于之前与之后的文化,其留存的遗迹、遗物极为丰富。包括具有防御或城邦色彩的宽大壕沟,具有部落宗教信仰色彩的人工堆筑祭坛等。根据遗址的遗迹和出土物,我们可以推测出当时的喇家部落规模庞大,拥有完整的社会等级、宗教信仰乃至权力架构,凸显出喇家遗址具有齐家文化区域性聚落中心的特殊地位,抑或说齐家文化区域性聚落本质上已经具备一个城邦古国的雏形。

通往喇家遗址的公路(左)以及进入喇家村的牌楼(右)

长期以来,喇家村一带的村民们在耕田取土的时候,经常挖出零散的人骨。起初,他们还不太在意,但后来就是在自家的院墙里,也能刨到一些碎骨片,这着实让他们感到恐慌。后来,考古学家发现并确定了这里曾有一处史前大型聚落。

宽大的壕沟

喇家遗址壕沟是在1999年试掘时发现的，考古人员在村庄偏南的一个晒场上发掘出了清晰的壕沟遗迹。所谓"壕沟"，类似于后来的"护城河"。之后的发掘中，在东区、西区又发现了多段壕沟遗迹。目前，已经探明的壕沟有两段，即位于喇家遗址南区的壕沟和位于遗址西区的壕沟。

喇家遗址发现的壕沟堆积剖面

壕沟里有大量的堆积物，靠近下方的堆积是比较平行的，是当时壕沟里的水和泥形成的淤泥淤积层；上边是后来人为堆积而成的，包括人类活动的一些垃圾等。这个壕沟的深度4～6米，宽度达到十几米，是一个宽大的史前壕沟。喇家人在此处挖如此宽大的壕沟说明当时的聚落非常重要，壕沟起到保护聚落的作用。

1999年试掘时发现壕沟遗迹

南区壕沟年代较早，大体呈东西走向，发掘处宽 17 米，深 3.5 米左右，已探明长度达 300 多米。壕沟南壁较陡峭，发现多个脚窝，北壁呈斜坡状，亦存在疑似脚窝，底部发现有淤泥和水淤痕迹。

西区壕沟年代稍晚，大体呈南北走向，发掘处宽 7 米多，深约 1.5 米，已探明长度 400 米左右。该壕沟向南即将抵达黄河北岸二级台地的边缘，沟壁整齐，显示出明显的人工修建痕迹。

这两段壕沟从遗迹特征看，都相对较为宽大，史前时期像这样宽大的壕沟，还不多见。同时，两段壕沟属于相同的堆积，壕沟底部有明显的水淤土层。虽然，目前还不能连接成环壕，但是，从走向看，应该不是太大的问题。

从这两段宽大壕沟遗迹推测，其具有防洪、排水、抵御野兽的功能，另外还有阻挡其他部落攻击、掠夺的作用，从而保卫家园、捍卫部落安全。最重要的是，在考古学上，依据壕沟可以判断史前社会的性质。像喇家遗址发现的这两条宽大壕沟，在当时而言，已经相当于一个大型的公共工程，其背后必然有相对成熟的社会组织架构、权力组织和周密安排。

据此推断，喇家遗址齐家文化时期聚落，或是一个大型的中心聚落，抑或是一个史前的城邦古国。

小广场

2001 年，考古人员在遗址区东南台地的中部首次发现小广场，后经多次补充扩大发掘，发掘出面积近 100 平方米，估计范围还要更大些。广场的硬土地面系人工踩踏而成，又遭地震破坏，有褶皱和起伏断裂的迹象。

喇家遗址小广场地层剖面
这是广场上的一个解剖沟，从地层剖面上能看出这是人工有意一层一层堆积、铺垫起来的一个广场活动面。

史前时期的聚落广场，通常情况下承载集会、祭祀以及聚落重大事务商议和决定的功能，故广场位于聚落的中心地带。根据喇家遗址小广场的发掘位置（位于遗址东南边缘，而非中心位置）判断，它只是小区域的小广场，为次中心。喇家遗址中心位置是否有大型广场，还有待进一步的考古发掘。

但是，小广场的形制已经具备集会、祭祀等功能，因为在小广场上还清理出奠基坑、杀祭坑、埋藏坑，以及祭坛和两座地面建筑。小广场、祭坛、特殊地面建筑、多座墓葬等构成了一群较为特殊又相互关联的多类遗迹组合群体，据此，可以推知，小广场是喇家遗址齐家文化先民特殊的公共活动空间，更可能是遗址中一处重要的祭祀区域。同时，也承载了齐家文化聚落的相当一部分祭祀、礼仪和集会功能，反映出齐家文化时期的社会分层和组织活动。

喇家遗址小广场遗迹

小广场囊括了祭坛、礼仪性建筑、高等级墓葬等，共同构建了齐家文化社会分层和组织活动。且这里有人类频繁活动或使用的遗迹，足见小广场是一个具备礼仪、组织等多重功能于一身的公共活动空间。

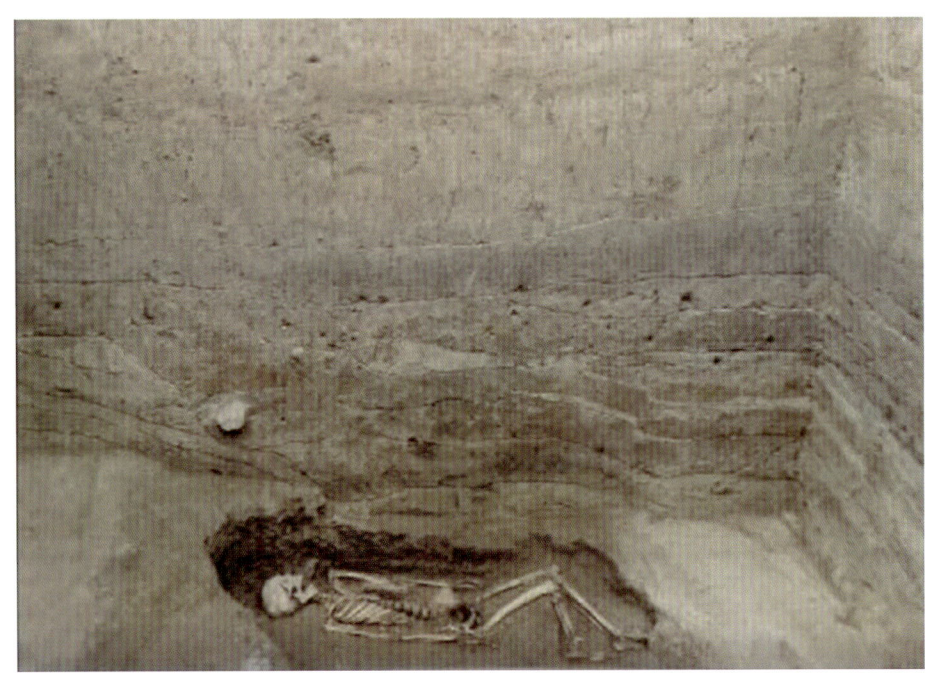

喇家遗址广场下的奠基坑

在广场下面考古人员发现了一个奠基坑。原始社会人们有很多的讲究,在广场建成之前要做一些仪式,其中把人埋在广场硬土地面下就是一种仪式。小广场上埋的这个人就是当时奠基的一种仪式。从土层的剖面可以看出,人骨上面同样也是一层一层铺垫起来形成的一个活动面。

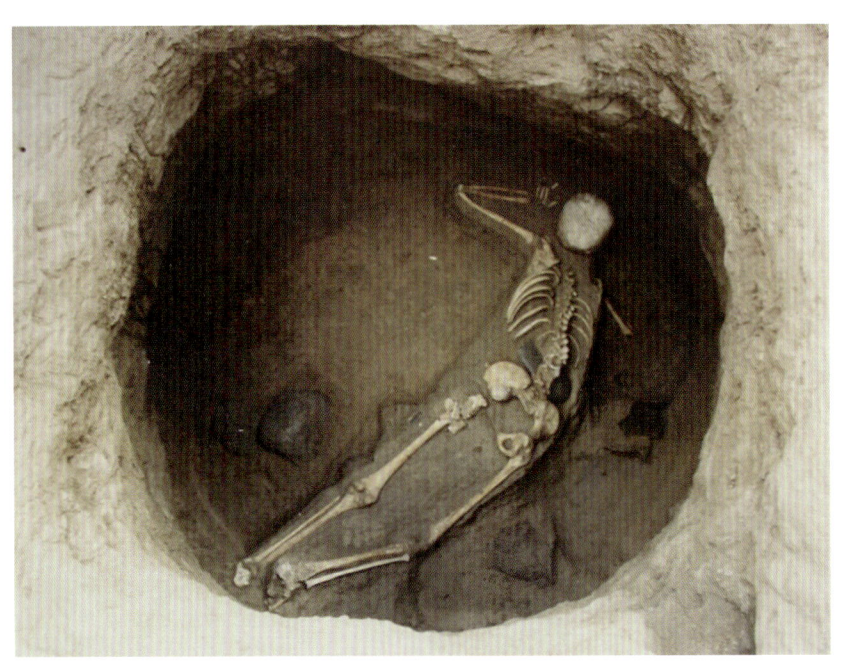

喇家遗址广场上的杀祭坑

在广场上有一个人为挖下去的坑,四角有凹陷的痕迹,应该是当时在坑上四角埋的东西所形成的痕迹。坑里有一具人骨,应该是当时广场上进行杀祭活动留下的,人被杀死后扔在里面,可能也是与当时的祭祀活动有关。在这个坑周围还有一些巨大的河卵石,坑口就开在广场上,应该与奠基人骨在地层下面有所不同,是人们在广场上进行的杀祭活动。

祭坛遗迹及高等级墓葬

喇家遗址发现了祭坛土台,土台位于小广场北边,相对于广场地面的高度约2米。2002年先发现土台东南边沿部分,清理出10余座墓葬,无明显分布规律,包括儿童小坑墓和成人土坑墓,还有用途不明的小坑。据考证这些不是氏族公共墓地,而是祭祀性的墓葬或陪葬。2003年揭露了土台从东南角至中心顶部的大部分,发现人工堆积和多层硬面,还发现土台上部东南侧一个经加工的拐角。拐角保存虽不完整,但所存部分转角的硬面轮廓清晰,可以看出土台略呈缓坡覆斗状。

喇家遗址的祭坛坡面上有灰坑,有的堆积大量灰烬,有的堆积许多石头,土台硬面有的被烧烤过,由此推测,此处可能与祭祀有关。

祭坛土台边缘的祭祀墓葬群

2002年发掘的祭坛,边缘埋葬了一些人骨,他们的方向很不一致,还有一些小圆坑埋着小孩,具有祭祀性。

小圆坑墓里的小孩遗骸

值得注意的是，在祭坛土台的顶部中间部位还有一座高等级的墓葬 M17，其墓口呈回字形双重开口，下面是长方形竖穴土坑，正北方向，长 2.3 米，宽 0.7 米，深 1.5 米，上面的套口接近方形，南北长 2.8 米，宽 2.5 米，深 0.4 米。填土为红土与黄土相叠，填土中人为有规律地放置了玉器或玉料。

2003 年在祭坛顶部发掘的 M17

2003 年发掘祭坛顶部时发现顶部中间有一个开口比较大的墓葬，这是一个非常讲究的墓葬，从墓葬所在的土台边缘那些祭祀性的墓葬，可以看出这个位于广场中央经过人工加工的台子不是一般的土台，而是一个齐家文化的祭坛。这种祭坛在以往发现的齐家文化遗址中从来没有出现过。

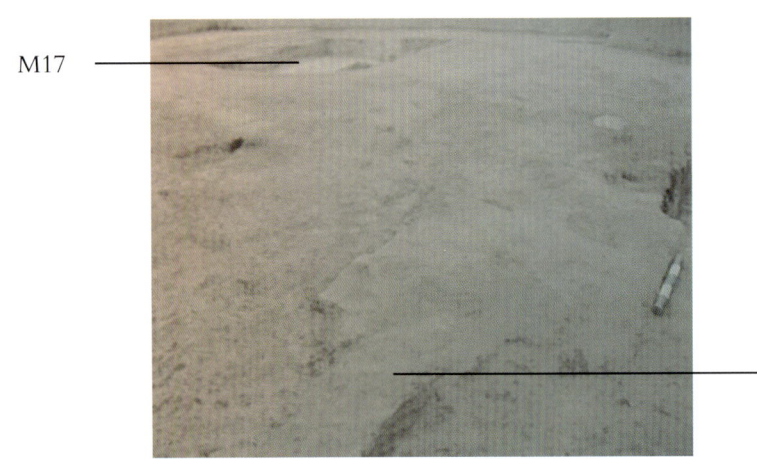

喇家遗址发现的祭坛土台侧面图

从祭坛边缘的侧面能够看出有一个缓坡，坡度很小，祭坛土台的边缘有一个转角的棱，可以复原出当时的土台是一个比较规整的小方台，小方台的四角延伸出去形成一个斜坡的四个面，下面就形成了一个比较大的方台。M17 就在这个小方台的顶部。

M17发掘前的地面以及发掘过程中土层堆积状况

这是M17发掘前的地面，可以非常清楚地看到红土与黄土的差别，发掘过程中发现套口里是用一层黄土一层红土交替堆垫起来的，如此讲究的埋葬方式，可见墓葬主人身份之特殊。

M17发掘现场

中间是一个长方形墓穴，在四周有一个接近方形的套口，从地面的颜色可以看出：本来的土台是一个黄土土台，上面专门堆了一些红土。

M17 套口处的随葬玉器

这是在套口位置发现的两组玉璜合璧的随葬玉器，都是由3件玉璜组合起来的玉璧。只是出土时一组随意堆叠在一起，另一组组合成一个完整的玉璧埋在里面。

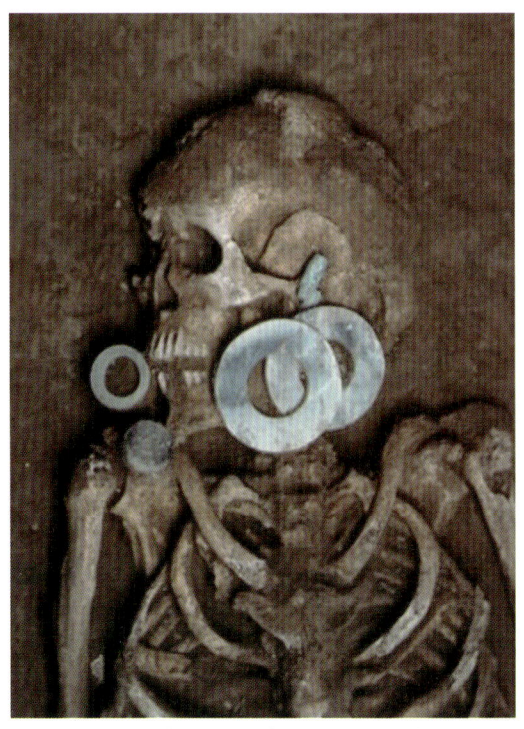

M17墓主及其随葬玉器（局部）

经考古鉴定，M17 墓主为男性，年龄 45～50 岁，有木棺，仰身直肢。身上随葬玉器有玉璧 2 件、玉管 2 件、玉环 1 件、玉纺轮（小璧）1 件，均堆置在头颈部，足端另有玉凿 1 件。全墓共出土 15 件玉器和 1 件猪下颌骨，没有其他随葬品。墓葬考究，规格高且有较多玉器，表明墓主身份特殊，与其被埋葬在土台之上最高和正中位置相符，这也与祭坛的礼仪性质相吻合。由此推测，墓主可能是神职人员（巫师），抑或是齐家文化聚落中一位拥有权势的人。

> 在考古学上，祭坛向来被视为礼仪性建筑，它既是史前文明的标志，又是阶级社会和城邦古国或中心聚落诞生的标志。
> 据此可以推知，喇家遗址的祭坛，表现出当时的社会性质具有以下特征：
> 第一，祭坛这种礼仪性建筑的出现，表明当时已存在一个极具支配力量和凝聚力的社会组织。
> 第二，祭坛的出现催生了专门从事宗教祭祀活动的人员的出现，由于这一阶层拥有沟通神灵的职能而使其在社会地位上远高于普通大众。

M17 墓葬

墓穴接近 2 米，底下有木棺，一个成年男性埋葬在里面，头朝向正北，随葬着许多玉器，这些玉器应该是礼器，显示了墓主人特殊的身份。

礼仪性建筑

在广场上有一处地面上的房址（F21），由3排3列共9个柱洞组成，宽约3米。它靠近广场的中心，只有柱洞留下，没有加工过的地面，地面上也没有遗物，显然是一处特殊的建筑遗址。有关F21的功能和用途，发掘人员参考一些建筑史学者的意见认为，很可能就是"社"或"明堂"一类的干栏式礼仪性建筑。

明堂

天子之庙称"明堂"，诸侯、贵族之庙称"宗庙""祖庙"或"太庙"，庶民则于寝室中灶膛旁设祖宗神位。名称不同，意义一样。在传统社会，庙堂是祭祀神祖、摆放神祖牌位的地方，是原始宗教祖先崇拜的产物。

F21遗迹

F21为干栏式建筑，地面上有9个柱洞，柱洞排列有序，比较粗大，应该是干栏式建筑的基址。建筑专家推测，这种建筑最开始可能是为了存放粮食，后来渐渐演变成祭祀谷神的一种特殊的建筑，叫作"社"。这个建筑在这个广场上有很特殊的作用，应该是原始社会人们的一种礼仪性建筑。

社会形态 从信仰到社会秩序

喇家遗址出土的占卜卜骨,以及象征社会等级和权力架构的大型石磬、大玉刀、大玉璧等极为重要的"王者之器",一件件鲜活的遗物再现了喇家先民从原始宗教信仰到阶层形成再到秩序井然的史前社会形态。换句话说,卜骨和玉器,既是喇家先民的宗教信仰体现,又是他们政治文化的象征。

信仰的载体——卜骨

在喇家遗址东南台地小广场的杀祭坑、遗址西区F52内窖穴中等多处发现并出土了大量卜骨。其中,有些卜骨灼烧痕迹明显,说明当时有占卜的现象存在。

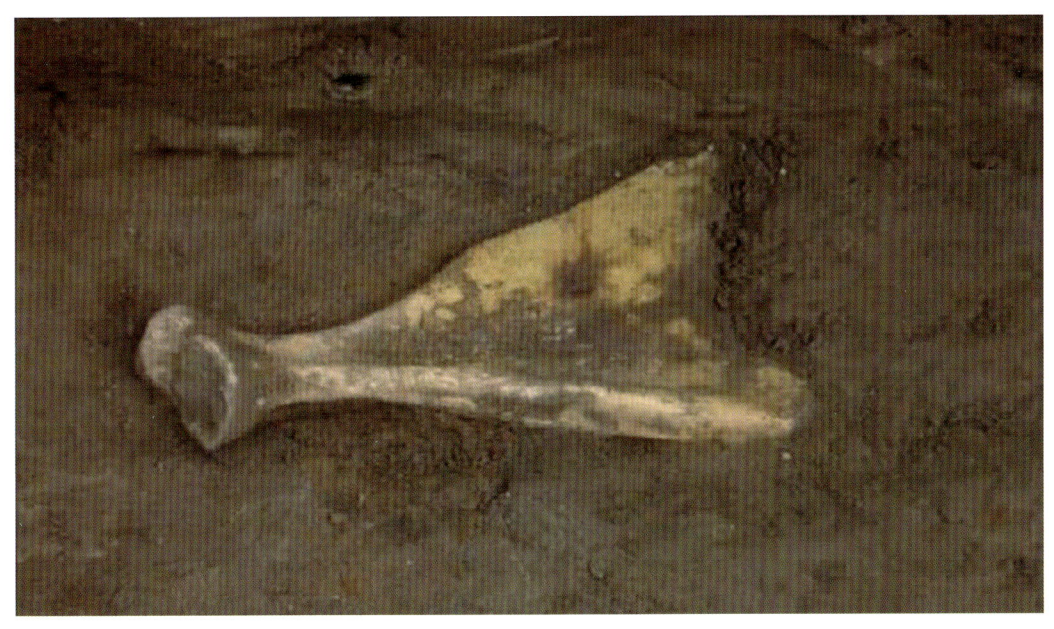

喇家遗址卜骨的出土场景

> "卜骨"是一种用来占卜的动物骨头或骨块。通常有钻孔和刻字两种形式,这些骨头经过火的灼烧会出现一些裂纹,巫师便根据这些纹路来判断吉凶祸福。早在新石器时代晚期,人们就开始运用卜骨来判断吉凶,到了殷商时期,卜骨盛行。

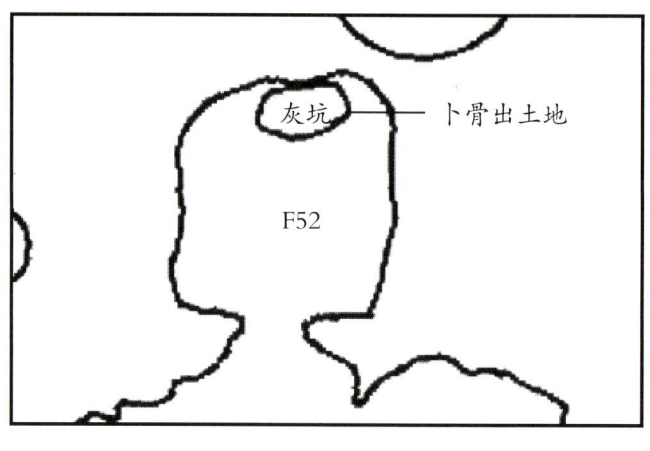

F52 线图

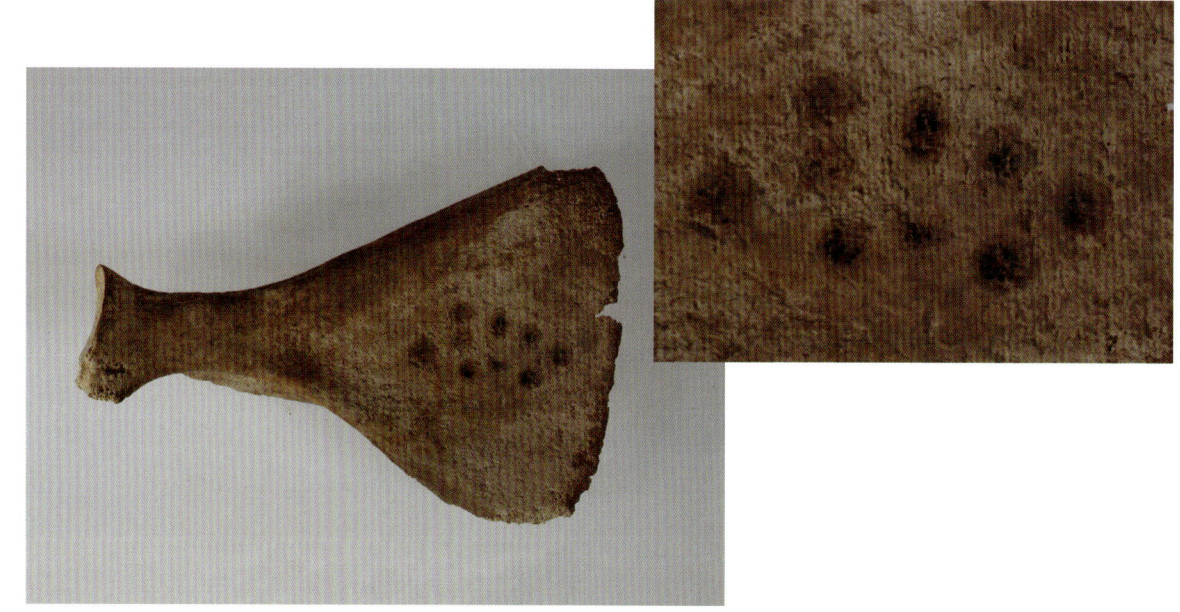

喇家遗址出土的有明显灼痕的卜骨

显然，居于黄河上游地区的喇家先民，在史前时期，就已采用卜骨卜问吉凶祸福。卜骨在这里承载的既是原始的宗教信仰形式（巫术）之一，又是一种决策方式。

据研究者推断，中国的占卜方式因地因时而异，但齐家文化和二里头文化先民均使用相同的卜骨来决策，表明他们有类似的宗教信仰和政治文化。齐家文化重要遗址均有卜骨发现，卜骨亦是二里头文化的重要内容，既体现了精神文化或意识形态，又是齐家与二里头文化同质性的重要表征。

喇家遗址卜骨的发现，不仅表明喇家先民已经拥有完整的信仰和祭祀体系，而且也说明了占卜已成为先民们政治文化生活的一部分，甚至卜骨已经具有重大事务的决策功能。

世俗权力的象征——王者之器

在喇家遗址中出现了多种象征身份、地位、权力的遗物，包括大石磬、大玉刀、权杖头等。

大石磬

大石磬的发现者是著名考古学家王仁湘。他在喇家遗址发掘日记中记录下当时的情景："2000年6月12日，晴间阴，阵雨。遗址西北部农田因昨夜引水灌溉，暂时无法钻探。改钻南壕一线，探明壕沟由中场院一直往东延伸，宽度都在10米以上。下午在朱七十奴家果园中钻探遇雨，避雨时在她家发现长方形石板一方，形体巨大，长度接近1米。形状类石刀，一侧中部穿一孔，可悬挂，此当为磬也！见此磬欣喜异常，立时判为宝器一件。仔细向主人询问它的来历，确定为齐家文化之物。应赶紧征集，免出意外。"

搬运大石磬的场景

石磬，简称"磬"，其材质最初以石，后易之以玉、铜。磬，最早是一种祭祀用的礼仪乐器，即一种悬挂起来的打击乐器，多在大型祭祀（如宗庙祭祀）、礼仪场合中使用。由于磬在祭祀活动中日渐显出其突出的地位，统治阶级也渐渐将它加入古礼中，并将它视为身份、地位、权力的象征。

考古人员正在清洗大石磬

这件大石磬也是历经多难，起初，被村民放置在院中，任由风吹日晒、雨雪击打，后来，又被村民当作普通的石板，放在家中的炕上作为石板桌使用。当王仁湘先生得知此大石磬被村民一直当作石板用时，便急不可耐地想收回来，于是出现了"日记"中所描写的那一幕。这件宝器后来被命名为"黄河磬王"。

悬挂起来的大石磬

大石磬呈长方形，长96厘米，宽67厘米，厚4厘米，用深色页岩加工制成，两面及四周边缘经过细致修琢，上端对钻穿孔，可系挂。石磬是至高无上权威的象征之一，从喇家村遗址的磬王来看，它的主人或许只是一个小国之君而已，但不论大小，他所占据的也是一个王位，他所拥有的也是君王的威权，由此推断，喇家遗址极有可能是一个王国或王宫。

大玉刀

2002年，考古人员在发掘位于喇家遗址东南台地祭坛土台坡前时，在M17附近的喷砂堆积中出土了一件被折断一半的大玉刀。据悉，喇家遗址出土的大玉刀为目前已知最大的玉刀。

喇家遗址出土的残存一半的大玉刀

玉刀为长条形，已残半，残长32.8厘米（经复原后，长约67厘米），宽16.6厘米，而厚度仅有0.4厘米。推测其完整器应为三孔玉刀，孔径2厘米。用整块大玉料切割磨制而成，制作规整精巧，刀身淡绿色含白色斑块纹理。

大玉刀和大石磬一样，都是身份、地位、权力的象征。著名考古学家王仁湘先生称，大石磬与大玉刀都是王者重器，是君王权威的象征。透过大石磬和大玉刀，我们似乎可以看出，它们的出现表明喇家聚落是史前时期的一个重要的政治、经济和文化中心，也是喇家遗址作为史前中心聚落乃至一个古城邦国的重要标志。

喇家遗址大玉刀出土现场

石质权杖头

考古人员在喇家遗址 F45 的居室中部发现了一件特殊的器物——象征权力的石质权杖头,该权杖头是一种昭示身份、象征权威或具有其他特殊功能的器具。

喇家遗址出土的石质权杖头

权杖头整体近六瓣花朵形制,中间有圆形穿孔,圆孔周围的两面凹窝经磨制整体直径约 7.6 厘米,厚约 3.6 厘米,中间穿孔直径约 0.85 厘米。

作为世俗权力的象征,权杖头被视为中西文化交流的产物。诚如北京大学考古文博学院教授李水城所言:"权杖在西亚出现以后,作为一种特殊的文化特质,开始向外传播辐射。"距今 5000 年左右,权杖头由西亚传入中国,表明中国北方部分地区曾通过河西走廊与西域有过文化互动。

北京大学考古文博学院李水城教授参观喇家遗址发掘现场

古埃及权杖头

此为古埃及前王朝时期的权杖头。权杖头只有国王一类的人物才有使用的资格,是一种象征身份、地位和权力的特殊器物,同时,权杖头也常被作为一种兵器使用。

喇家遗址发现的权杖头,正是东西方文化交流、文化融合的见证。将喇家遗址发现的卜骨与中原二里头文化之间的密切关系联系起来,可以看出,喇家遗址既是东西方文化交流的重要媒介,又是与中原文化相互交流与吸纳的载体,其遗址地位的重要性不言而喻。同时,也表明了喇家遗址齐家文化的多样性。

喇家聚落的居住环境与格局

在喇家遗址发现各类房址60余座，其差异也十分明显，分别代表着马家窑文化、齐家文化、辛店文化、卡约文化甚至汉以后时期的不同文化遗存，再现了聚落演变发展的全过程，说明长期以来人类在此地居住就不曾间断过，也显示出青海东部黄河谷地官亭盆地及喇家村生态环境一直保持相对稳定的状态。

从目前残存迹象看，住房格局多样化是喇家遗址的一大特色。依据房址平面形制分，有圆形、椭圆形、方形、长方形等；依据房屋建筑结构分，有窑洞式、地面式、干栏式、半地穴式等。其中，类似于地穴或半地穴的建筑形式是主流。此外，套间、共用一处门前场地、使用壁炉也是喇家遗址房屋格局的一大特征。

多样化的房屋类型

在已发掘的喇家遗址房址遗迹中，房屋的建筑结构有多种形式，有一部分保存得较为完整，比如F3、F4、F7、F10、F15、F23、F25、F27、F28、F29等，有一部分发掘之后又做了保护性回填，如F1、F20、F21等。

窑洞式建筑

窑洞是中国西北黄土高原地区的一种古老居住形式，可以视作黄土高原的产物。窑洞广泛分布于山西、陕西、河南、河北、内蒙古、甘肃、青海、宁夏等地。在陕甘宁地区，黄土层非常厚，有的厚达几十千米。中国人民创造性地利用高原的有利地形，凿洞而居，创造了被称为"绿色建筑"的窑洞式建筑。

黄土高原地区流行的窑洞式建筑

"穴居式"民居的历史可以追溯到4000多年前的齐家文化时期，位于青海官亭盆地的喇家先民，亦采用了这种窑洞式格局的建筑方式。其中，保存较好的窑洞式建筑有F15，其结构完整，由门道、门外场地和一居室组成，顶部略呈拱形，门道和门外场地都保存较好，残留墙壁高2～2.5米，长3.2米，宽2.7米，深1.1～2.5米，面积8.64平方米。

保存较好的F15遗迹

这是发掘的F15下边的部分，保存得非常完好，房址里有大量的陶器等遗物，有大量的上面塌下来的黄土，后来经过研究证明，这个房址应该属于窑洞式，大量的黄土坍塌下来，再后来红土和洪水的一些堆积物覆盖在上边，专家也正是通过这个保存完好的F15还原了窑洞式房址的结构。

F15的白灰墙面

F15还有一个奇特之处，就是房址周围保存下来的白灰的墙围子，整个房址的高度保存得相当好，高能达到2.5米，这种完好的保存形式，为我们了解当时居住房屋的形式提供了依据，其他的房址可能和这个房址的情况差不多。

值得指出的是，这种窑洞式建筑是齐家文化时期房屋格局的主流。但是，从喇家遗址今日所处的地理位置来看（主要分布于官亭盆地），这一地貌特征并非是深厚黄土的台地，也非原生黄土，应该说不适合窑洞式建筑，然而，它确实普遍地使用了这种窑洞建筑形式，因此，这种居住格局也受到了自然条件的限制，先民们为此付出了巨大的代价——4000多年前那场巨大的自然灾害对此地居民的生命、财产都造成了沉痛打击。

地面式建筑

考古人员在小广场东南角发现了两座较为特殊的地面建筑，即F20和F21，两房址相距2～3米，柱洞排列有序，直径约20厘米，深约40厘米，这种非窑洞式房屋说明其建筑形式与其他房屋有显著区别。

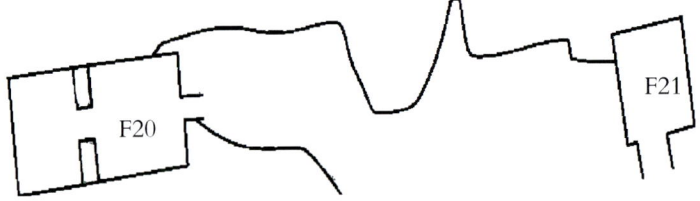

F20、F21位置示意图

在F20的地面上有3排4列共计12个柱洞，地面散布着大量的遗物，有石器、骨器、陶器、漆器痕迹等，其中，"第一碗面"就出土在这个房址的地面上。室内的居住面加工较好，局部为烧土面。在F20遗迹处东面还发现了一个长方形袋状灰坑，坑内发现有木板痕迹，从它与房址的关系来看，可能是房址外的储物窖穴。根据遗留下来的这些生活痕迹判断，这是一座平面接近方形的地面式建筑，面积约30平方米。

F20发掘现场

干栏式建筑

干栏式建筑在喇家遗址亦有发现，考古人员在发掘喇家遗址小广场时，在小广场的东南位置处发现了一处干栏式建筑，即 F21。该房址呈方形，长 3.2 米，宽 3.1 米，深 0.1 米，面积 9.92 平方米，地面上有 3 排 3 列共计 9 个柱洞，地面上没有活动硬面和活动痕迹，也没有遗物，故推测是干栏式高台建筑，是特殊的重要建筑，有专家认为这是一座礼仪性建筑的遗迹。

F21遗迹

F21 为干栏式建筑，柱洞排列有序，比较粗大。这是一座由 3 排 3 列 9 个柱洞构成的地面式建筑，平面近方形。这些柱洞应该是干栏式建筑的基址，建造时将 9 个木柱立起来插入地面，再在上面搭一个地面，也就是人们的活动不是在底下的地面上。

这种偏南方文化体系的干栏式建筑，在史前时期就进入了中国西北地区，这不但丰富了齐家文化房屋结构的形制，而且表明喇家文明可能是史前华夏文明的中心之一。

干栏式建筑即干栏巢居，是远古时代的人群，特别是南方百越部落的建筑风格，即在木（竹）柱底架上建筑的高出地面的房屋。这种建筑以竹、木为主要建筑材料，主体是两层建筑，下层饲养动物和堆放杂物，上层住人。考古发现的我国最早的干栏式建筑位于河姆渡遗址。

河姆渡遗址干栏式建筑复原图

半地穴式建筑

F35发现于喇家遗址东区,属于喇家遗址齐家文化时期遗存。F35居住面部分保存完好,平面呈长方形,约22平方米,从地面向下挖坑穴形成墙壁,居住面及墙壁局部抹有白灰面。可清晰地看到其柱洞、灶的结构。

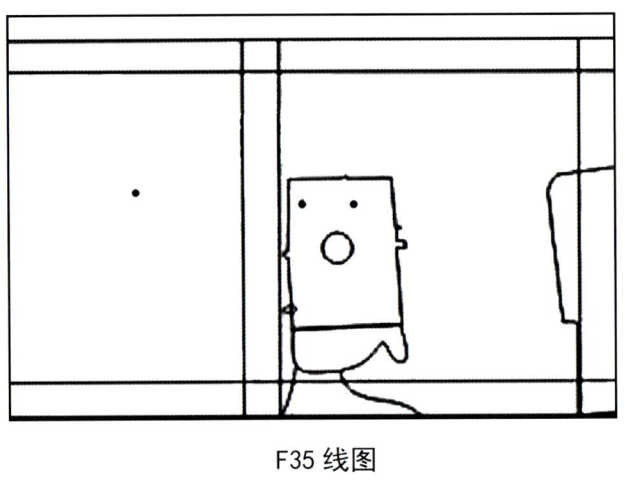

F35线图

套间房址

位于喇家遗址西区的F29属于套间房址,由主室、侧室和门前活动场地构成。主室平面为圆形,以通道与西侧平面呈不规则圆形的侧室相连。主室门道南连门前活动场地,其边壁对称分布10个半嵌于壁中的柱洞。

套间房址极大地提高了居住的方便性与舒适性,也是房屋结构上的重大进步。

F29套间房址线图

套间
套间通常由两间或两间以上的房间组成,通常只有一个大门,或左右相连,或前后相连。

共用门前场地

共用门前场地亦可称公共活动场地。它是传统农耕文明的重要建筑布局形式之一，门前场地上既可用于晾晒庄稼，亦可作为休闲聊天或集会的最佳场所，今日在有些农村中亦常见到这种共用门前场地的情况。

喇家遗址中多有共用门前场地的房址遗迹，其中有2座房址共用门前场地，也有3座房址共用门前场地。

2座房址共用一处门前场地的是位于遗址西区的F26、F27，此两处房址相距较近，为彼此提供了便利。F26平面近圆形，F27呈圆角长方形，两者门道连向东面的同一处门前活动场地，借助斜坡通道通往高处活动场地，形制特殊。

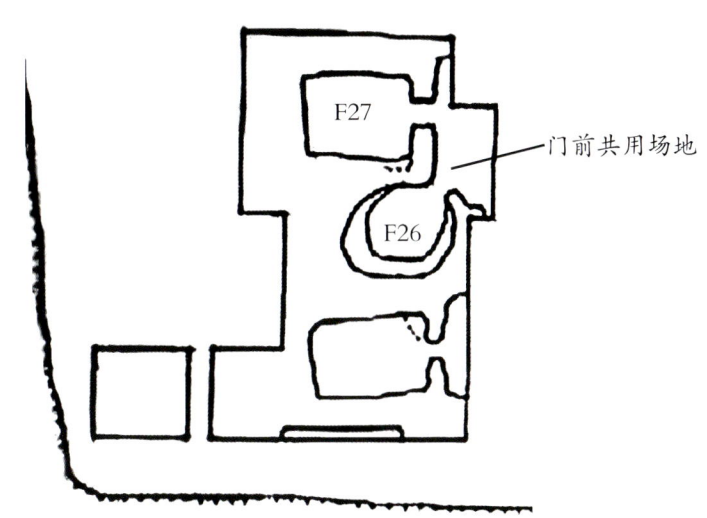

F26、F27坑位示意图

F26、F27发掘现场

3座房址共用一处门前场地的是F47、F52和F56。其中F52居北，其左为F56，右为F47，大致呈品字形布局。门前活动场地走向为长条状，南北长约6.9米，东西宽约3米。在该门前场地的中部发现有一形制规整、坑壁局部有烧结面的灰坑。同时，F47、F52、F56也是十分突出的三房一组结构，它的主人可能为同一人。这种特殊的房屋布局，不同的功能区分，特殊的出土器物（出土有卜骨、石质权杖头等象征身份、地位和权力的器物），经专家研究后得出，可能都与房主人的特殊身份有关。

共用门前场地的现象，为房址空间使用方面的研究提供了极为重要的实物资料。

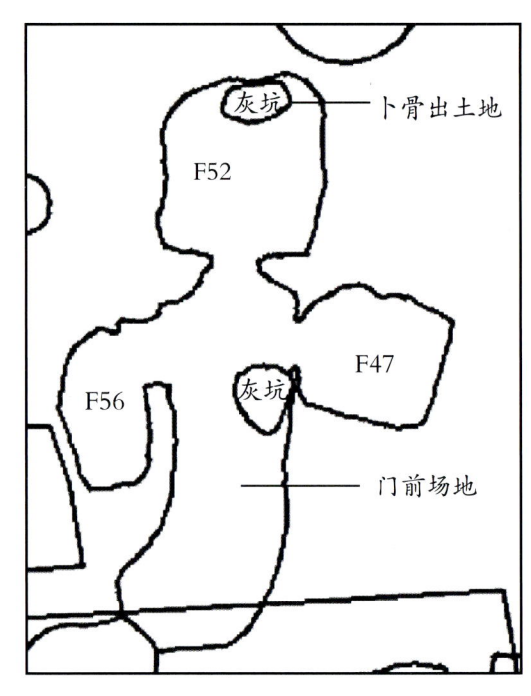

F47、F52、F56线图

F47、F52、F56发掘现场

聚落分区

考古人员根据喇家遗址30多年考古发现的遗迹和出土的遗物，以及采集到的大量文化遗存及考古地理信息，明确了遗址的范围、中心区域及深度、遗址的功能分区等，使我们对喇家遗址有了全面地了解。

遗址中心区域及深度

喇家遗址东至岗沟，南至下喇家村南黄河二级台地前缘，西至鲍家村和喇家村从北至南浇水的水渠，北至喇家小学南墙边的东西向大路。喇家遗址分为东、西、南、北4个区，遗址的中心区域应该有早、晚期两处，早期位于遗址南区、西区南部（虽然下喇家村区域无法勘探，但是在村内的空旷地带考古发掘和勘探均发现有房址，从史前遗迹的分布规律来看，下喇家村区域应该为遗迹的集中分布区），晚期位于遗址北区、遗址西区北部。早期遗迹的埋藏深度为1～2米，晚期遗迹的埋藏深度为2～4米。

聚落演变

喇家遗址存在马家窑文化、齐家文化、辛店文化、卡约文化和汉以后时期遗存，遗址存续时间长。各时期遗存的分布区域、范围大小明显有异，显示出发展演变的迹象。马家窑文化遗存较少，主要位于遗址东区南部；延续了300多年的齐家文化时期是喇家遗址发展最为兴盛的一个阶段，在诸区域有着较为广泛的分布；辛店文化遗存不多，主要分布于遗址北区，在遗址东区也有少量分布；汉以后时期遗存多见于遗址西区、北区和南区。

喇家遗址聚落复原图

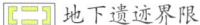  

遗址分布界限　　地下遗迹界限　　▲ 文物出土　　壕沟

喇家遗址卫星影像图

居住区外围未发现有环壕的迹象，在遗址南区发现的壕沟，从形制看，为人工遗迹，推测在史前时期喇家人可能更多的是借用周围地形以及自然形成的冲积沟作为防御屏障。

勘探发现的 40 座墓葬中，除遗址西区北部的十几座墓葬明显为晚期遗迹外，其余 20 多座墓葬零散分布在遗址区内，由此便可排除喇家遗址在已勘探区域存在专门墓葬区的可能。关于喇家遗址的墓葬区，还需要考古人员进一步找寻。

目前仍未发现喇家遗址的手工业作坊区，如制陶、制骨、石器加工等遗迹，仅有的 1 座窑址远不能满足整个聚落对于陶器的需求。因此，手工业作坊区还需要在遗址附近继续寻找。

在喇家遗址东区南部发现了齐家文化时期的祭坛、小广场、祭祀性遗存及特殊的地面式建筑，这是喇家遗址齐家文化聚落一处重要的祭祀区。

在喇家遗址西区发掘出多座齐家文化房址，且分布较为密集。其中，房址朝向东、西、南、北不一，较多房址都呈现出东西向成排分布的特点。其中还发现有单间、套间房址，还有两座（F26、F27），3座房址（F47、F52、F56）共用一处门前场地的情况。在发掘区的东北角发现陶窑Y1（Y代表窑址）1座。该区域是集生产与居住为一体的生活区。

东区北部发现近10座房址，也应为一处生活区，F4、F10发现较多人骨及特殊的遗物组合，可能并非是一般的生活类居址。

建筑工艺的进步

喇家遗址早、晚两期的居住区呈现出了不同的分布特点：早期遗址呈现出大分散小集中的特点，窑洞式房址受地形和建筑技术影响，大部分在自然的断崖、沟道边缘修筑；晚期遗址呈现出大分散的特点，可能是建筑技术的进步，如木骨泥墙技术的出现，使房址摆脱了地形的影响，开始在平地分布。

喇家遗址房址中已发现采用"白灰抹面"的装饰方法，比如齐家文化时期的F65，其建造结构是先在生土壁上涂抹一层青泥，厚12～15厘米；再在青泥面上涂抹草拌泥，用以加固，厚3～5.5厘米；最后在草拌泥表面涂抹一层白灰面，残留厚度0.1～0.2厘米。这样的处理方式，不但增加了房子的保暖、隔热和防潮功能，还美化了室内环境。

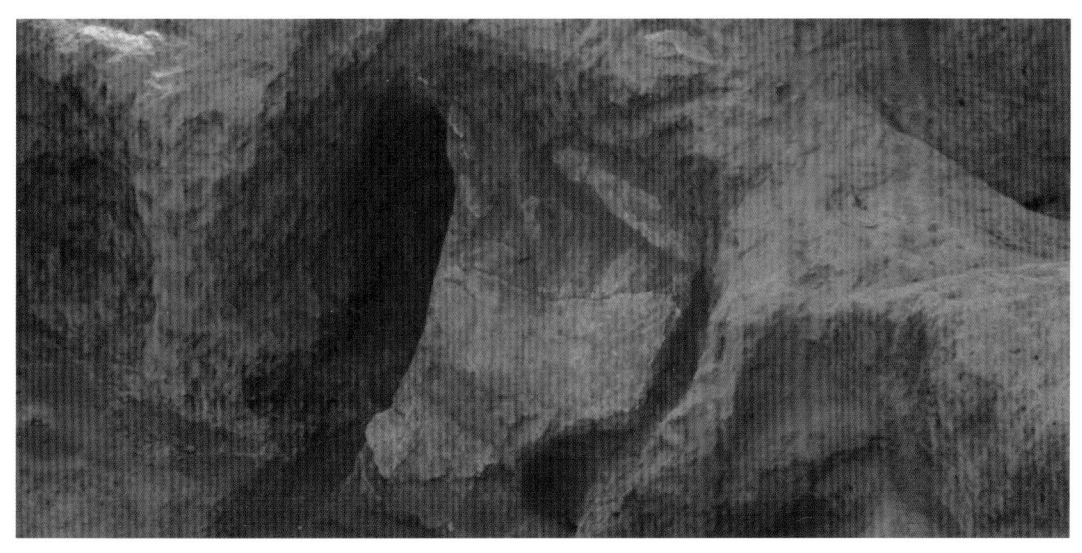

喇家遗址出土的白灰面房址遗迹

> 人类最初的居住形态可能是最简单，也是最原始的格局，为了避免风吹日晒、防雨挡雪、保暖避寒、免受野兽侵袭，在漫长的居住环境改善过程中，人类逐渐从单纯的居住需求，走向建筑工艺、审美的层面。

喇家先民对室内美观的追求不仅体现在"白灰抹面"，还体现在室内墙壁作画遗迹。2016年，考古工作者在清理F62时，在其南壁上发现了疑似壁画。据考古工作者描述，该壁画由红、黑、白三色组成，但是，由于保存较差，无法辨识具体图案。尽管如此，这一重大发现，也让人们更多地了解到喇家遗址房屋的内部的装饰情况。

2016年发掘喇家遗址时，在F63下层发现了较为完整的壁炉、壁龛、灯壁、灶、器座坑等重要现象。其中壁炉结构清晰，并发现了明确的烟道，这些发现更加准确地呈现出当时喇家房子里壁炉的结构和用途，为了解喇家遗址房屋内部结构提供了重要的新材料。

第四章 喇家生活

虽然至今在喇家遗址内仍未发现手工作坊的遗迹，如制陶作坊、玉器作坊等，但是通过遗址出土的各种器物，我们可以想象出当时喇家先民劳作的场景，他们用双手创造出了以喇家遗址为中心的史前文明。从而我们推测，在4000多年前，喇家先民不但有发达的手工业，而且有制作精美玉器的作坊，还摆脱了以狩猎为主的生存模式，转向以农业耕作和家畜饲养为主要经济来源的生存模式。

手工制造

喇家遗址文化遗物种类丰富，以手工制造为主的器物主要有石器、陶器、玉器以及其他种类（骨器、角器、牙器等）等遗物。

石器

喇家遗址发现并出土了大量的石器及石器半成品。从石器器类和功用看，器类丰富，用途多样，既有祭祀礼器大石磬，又有象征身份、地位和权力的石质权杖头，既有生产、生活用具（磨盘、磨棒、杵、刀、斧、锛、凿、盘状器、砍砸器、刮削器、锤、砺石、研磨器、臼、纺轮、石饼等），又有狩猎工具（镞、矛、石球等）。

喇家遗址石器出土现场

喇家遗址出土的有柄石刀

此器物以石头磨制而成，一面有明显的人工磨制锋刃，带柄，属于磨制石器中的精品。从用途方面来看，可能是收割粟等谷物，或屠宰家畜、切割肉食时使用的工具，抑或有其他用途，比如刮割纤维、制作木器等。

喇家遗址出土的石斧

长27厘米，宽8厘米，厚4厘米。

喇家遗址出土的石凿

长14.6厘米，宽3厘米，厚2.6厘米。

喇家遗址出土的石锛　　　　　　　　　　喇家遗址出土的石锛

长8厘米，刃宽3.8厘米，厚1.1厘米。　　长8.7厘米，刃宽5厘米，厚1.1厘米。

喇家遗址出土的石饼

喇家遗址出土的石球

　　这种石器类型，从旧石器时代早期一直延续到新石器时代晚期。通常来源有两种途径：一种是由砾石、石块和废弃石核等，经人工加工而成；另一种是自然形成的。石球是石器时代重要的狩猎工具之一，其复合工具学名"投石索"或"飞石索"，即绳子一端系着石球或绳子两端各系着石球，狩猎时将系着石球的绳子抛出，击中猎物。

按照石器制作方法，石器可分为打制石器和磨制石器。

打制石器通常制作较为粗糙，是人类用其他石块从坚硬的石块上打下的石片或石核，进而加工成一定形状的石器。打制石器的方法主要有4种：锤击法、碰砧法、砸击法和间接打法。打制石器的种类通常有砍砸器、刮削器、尖状器等。

磨制石器指表面磨光的石器，其步骤是先将石材打成或琢成适当形状，然后在砺石上研磨加工而成。磨制石器通常被认为是新石器时代的标志，它与原始农业的出现密不可分。

其中，石器钻孔技术的出现，也表明复合工具的出现，人们可以把有孔石器捆缚在木柄上，使得复合工具长度增长（力臂增大），不但提高了工具的使用效率，而且增强了劳作时操作的便捷性。

喇家遗址出土的石刀

单孔石刀，长10.6厘米，宽4.4厘米。

喇家遗址出土的石凿

残缺，长6.4厘米，宽2.8厘米，厚2厘米。

喇家遗址出土的有孔石器

陶器

在喇家遗址的一些房址里出土了大量陶器，这些陶器都是当时喇家先民生活中使用的器物，大多是典型的齐家文化陶器，如齐家文化时期最具有代表性的双耳陶杯等。虽然目前为止考古人员在遗址内还未发现制作陶器的作坊，但是通过出土陶器的数量可以推测出当时应该已经有制陶作坊出现。

遗址出土的彩陶罐

这是一个造型非常独特的彩陶罐，有一个提梁两个口，罐的周身有黑彩绘制的图案。

齐家文化时期最具有代表性的双耳陶杯

喇家遗址出土的陶器

遗址西区发现的灰坑

这个灰坑当时可能是一个储物坑，也可以叫作窖藏坑，这坑里发现了大量完好的陶器，有各种器型，这些陶器都是当时人们生活中必需的物品。

喇家遗址陶器出土现场

2014年，考古工作人员在喇家遗址西区东北角发现了喇家遗址的第一座陶窑Y1（Y代表陶窑，Y1即编号为1的陶窑）。其平面近似圆角五边形。该陶窑为竖穴式陶窑，由窑室、窑床、火眼、火塘、操作区组成，残存4个椭圆形火眼。发现时，陶窑上面覆盖很厚的砂土，窑顶残塌。窑室堆积中仅见陶片，不见完整器残留，可见灾难发生时陶窑处于未生产状态。

从喇家遗址出土的陶窑情况看，它合理地解释了喇家遗址出土如此众多陶器的来源或成因。陶窑的出现，表明喇家先民已经掌握了熟练的陶器制作和烧制技术。

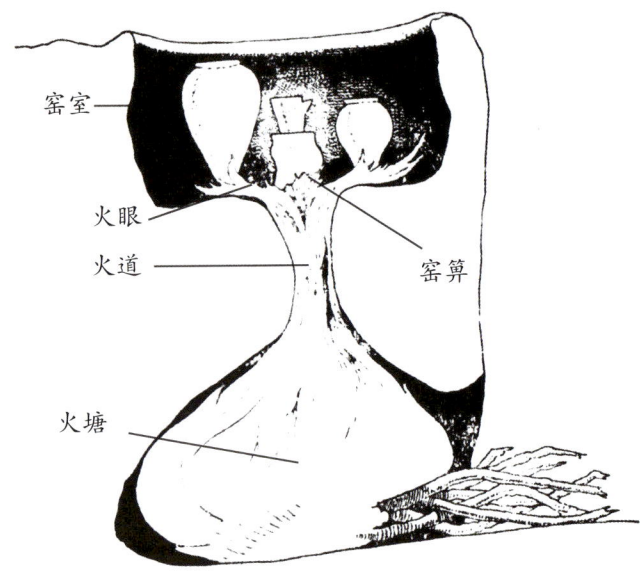

竖穴式陶窑使用示意图

陶窑通常分为竖穴式陶窑和横穴式陶窑，其中竖穴式陶窑结构较为合理，温度可达800～1050摄氏度。陶窑的使用方法是先将制成的陶坯放入窑室的平台——窑箅上，再用草泥土封住窑室（亦有不加封闭之说），留出烟孔，最后点火进行烧制。

喇家遗址Y1遗迹

喇家遗址出土的各类陶器不仅数量多，而且种类多样，包括高领双耳罐、双大耳罐、三大耳罐、双耳罐、单耳罐、侈口罐、敞口罐、深腹罐、鸮面罐、鬲、甑、斝、盉、豆、尊、盆、壶、缸、敛口瓮、器盖、半罐形器、圈足盘、碗、钵、盅、单耳杯、纺轮、刀、陶拍、陶垫、圆陶饼等。其中，高领双耳罐和双大耳罐最具文化代表性。

喇家遗址从马家窑文化到齐家文化，再到辛店文化、卡约文化，皆有陶器出土，其中齐家文化时期出土的陶器数量最多，种类也最丰富。

从陶器材质上看，以夹砂褐陶、泥质红陶、黄陶为主，彩陶较少。

喇家遗址出土的高领罐

通高47厘米，口径19厘米，腹径30厘米。

> 夹砂陶是胎体含砂粒的陶器，这种含砂陶胎不但在高温焙烧下不变形，而且制成的陶器再次受热也不碎裂。夹砂褐陶即一种颜色呈褐色的夹砂陶。
> 泥质陶指在选择陶土时，经过选择、淘洗土中的杂质而制成的一种陶器。泥质红陶、黄陶分别指颜色呈红色、黄色的泥质陶。

从器表纹饰看，器表多有装饰绳纹、篮纹和附加堆纹，少量饰有席纹、戳印纹、网格纹、刻画纹、镂孔等。

从陶器制作工艺看，喇家遗址出土的陶器多采用泥条盘筑法制作而成，有的局部采用慢轮修整，较多器物都是将颈、肩、腹、底分别做好后再行拼接而成。陶器内壁多保留有刮抹修整的痕迹，亦有采用模制法制陶。

> 泥条盘筑法是陶器成型的一种原始方法。制作时，先把泥料搓成长条，然后按器形的要求从下向上盘筑成型，再用手或简单的工具将里外修饰抹平，使之成器。用这种方法制成的陶器，内壁往往留有泥条盘筑的痕迹。

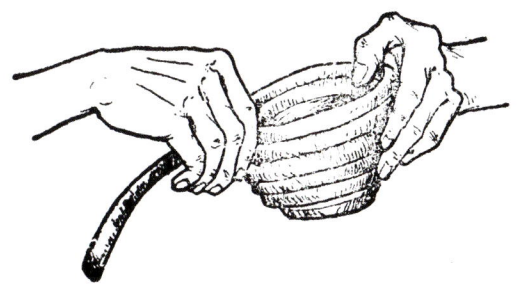

泥条盘筑法示意图

喇家遗址出土的高领双耳罐

通高 21 厘米，口径 17 厘米，腹径 21 厘米。

喇家遗址出土的高领罐

通高 16.7 厘米，口径 13.4 厘米，腹径 14.4 厘米。

喇家遗址出土的高领双耳罐

通高 70 厘米，口径 22 厘米，腹径 52 厘米。

喇家遗址出土的双大耳罐

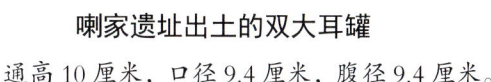
喇家遗址出土的双大耳罐

通高 10 厘米，口径 9.4 厘米，腹径 9.4 厘米。

喇家遗址出土的彩陶双耳罐

通高 11 厘米，口径 9 厘米，腹径 9 厘米。

喇家遗址出土的彩陶双耳罐

通高 11.3 厘米，口径 9.6 厘米。

喇家遗址出土的单耳罐

通高 10 厘米，口径 6.5 厘米，腹径 9 厘米。

喇家遗址出土的三大耳罐

通高 11 厘米，口径 10.4 厘米。

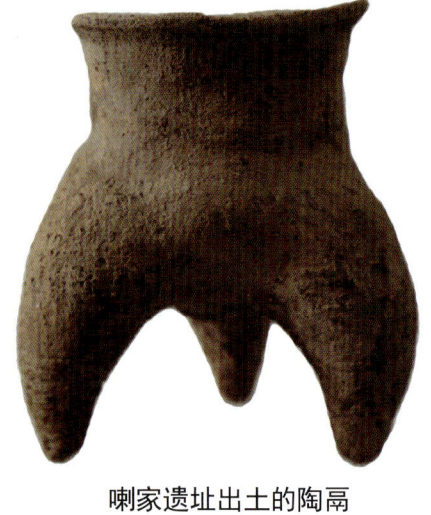

喇家遗址出土的陶鬲

通高 17 厘米，口径 11.6 厘米，腹径 16 厘米。

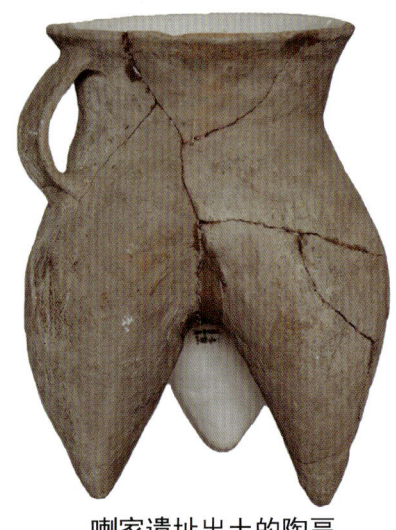

喇家遗址出土的陶鬲

通高 34 厘米，口径 23 厘米，腹径 27 厘米。

喇家遗址出土的陶豆

通高 13 厘米，盘径 19 厘米。

喇家遗址出土的陶尊

通高 20.6 厘米，口径 24.5 厘米。

喇家遗址出土的陶盆

通高 11.6 厘米，口径 35 厘米。

喇家遗址出土的陶碗

通高 6.7 厘米，口径 12.5 厘米。

喇家遗址出土的彩陶壶

通高38.3厘米，口径14.2厘米，腹径28厘米。

喇家遗址出土的陶缸

通高38厘米，口径31厘米。

喇家遗址出土的陶纺轮

厚0.7厘米，径5.2厘米。

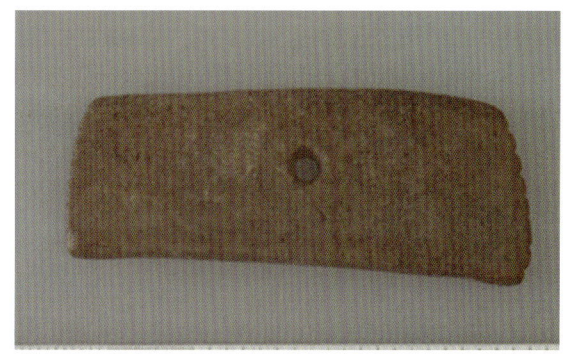

喇家遗址出土的陶刀

长7厘米，宽2.8厘米，厚0.4厘米。

喇家遗址出土的陶垫

通高6厘米，径5厘米。

中国史前遗址博物馆

东方庞贝 喇家巷

马家窑文化时期的陶器

齐家文化时期的陶器

马家窑文化时期的陶器

马家窑文化时期的陶器

齐家文化时期的陶器

辛店文化时期的陶器

卡约文化时期的陶器

辛店文化时期的陶器

喇家遗址出土的夹砂单耳罐

通高 12.4 厘米，口径 10 厘米，腹径 10 厘米。

喇家遗址出土的夹砂罐

通高 15.5 厘米，口径 11 厘米，腹径 12 厘米。

喇家遗址出土的陶罐

通高 12.4 厘米，口径 6 厘米，腹径 15 厘米。

喇家遗址出土的彩陶罐

通高 13 厘米，口径 9.4 厘米，腹径 13.4 厘米。

喇家遗址出土的带盖陶罐

通高24厘米，口径10厘米，腹径23厘米。

喇家遗址出土的纹饰侈口罐

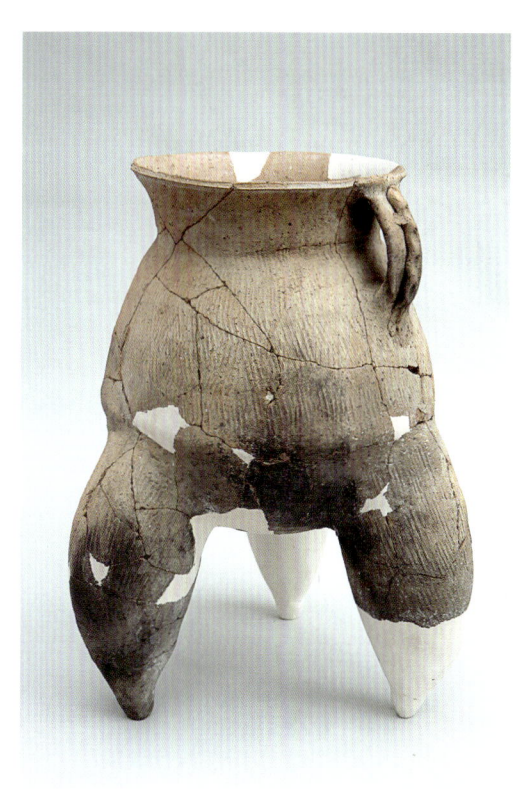

喇家遗址出土的纹饰陶器

喇家遗址出土的纹饰陶器

喇家遗址出土的纹饰陶器

喇家遗址出土的纹饰仓形器

第四章　喇家生活

喇家遗址出土的纹饰陶盉

喇家遗址出土的纹饰陶器

喇家遗址出土的纹饰带把罐

通高7厘米，口径7.4厘米，腹径7.8厘米。

喇家遗址出土的齐家文化时期的纹饰陶器

喇家遗址出土的齐家文化时期的纹饰陶器

玉器

喇家遗址出土了大量不同种类的玉器及玉料，这些玉器有的在墓葬里，如祭坛上的 M17 里随葬了许多玉器，有的出现在房址里，如 F4 里也放着玉器和玉料，在遗址的一些文化堆积里也发现了玉器、玉料和加工玉器剩下的下脚料、碎片等，这反映出喇家遗址齐家文化时期人们不但使用玉器，而且还制作玉器，从而可推测当时已经出现了一定规模、专业性较强的玉器作坊，玉器手工业在当时已经发展成为一门独立的手工业体系，已拥有一批制作技艺相当熟练的制玉专业人员，已形成自成一体的玉文化体系，由此才出现了大批玉制礼器、工具、装饰品及制作玉器的玉料及半成品。

F4 东北角发现的玉器和玉料

喇家遗址出土的玉器和玉料

玉料的来源

喇家遗址地处南北（青甘线）、东西（黄河上游至黄河中下游）的四通八达要道，其位置等同于后来的"丝绸之路"上的重要通道，因交通便利，喇家先民获取玉料的来源除附近的玉矿外，还有来自甘肃境内的祁连玉、来自昆仑山脉以东的昆仑玉、来自昆仑山以北的新疆和田羊脂玉等。丰富的玉料来源，也为喇家先民制作玉器提供了上佳的原材料。此外，有的还直接选用接近石质或玉内含有较重石质的材料。

玉器的制作

根据喇家遗址出土的玉器和玉料推断，其玉器制作有两大特点：第一，切割开料多使用片切割的方式，琢磨粗犷大气，部分打磨抛光精致，表面多呈蜡状光泽；第二，装饰风格以质为美，以素为美，大都光素无纹，不使用雕刻工艺。但是，至今还没能发现喇家遗址的玉器制作遗迹，这有待考古人员的进一步发现与发掘。

喇家遗址出土的玉料，切割面非常光滑。

喇家遗址出土的玉料

喇家遗址出土的玉琮芯

玉琮芯为圆柱形。上端略收口，向下逐渐变得粗细匀称。玉色中夹杂不规则的黑色斑纹，部分位置受沁呈白色。表面包裹有浅褐色的水锈。上端略凹，有从中心向外旋转加工的凹槽，槽痕向外逐渐变细，柱形周身布满极细的旋转痕迹，下端圆周有断裂面，中心为玉料的粗糙原始面。

玉器的制作工序通常有选材、切割、钻孔、琢磨、抛光等，其中，切割和钻孔是两道技术要求较高的工序。切割有3种方法，分别是线切割法、片切割法和砣切割法。3种切割方法中都需要使用一种名为解玉砂的材料，解玉砂又称碾玉砂、邢砂、磨玉夏水砂。解玉砂的硬度高于玉石，并具有一定的锐度和耐磨性，是古代琢制玉器必须使用的一种材料。《诗经·小雅·鹤鸣》："他山之石，可以攻玉。""他山之石"指的就是解玉砂。喇家遗址出土的玉器通常使用片切割法。钻孔分单面钻孔、双面钻孔和管钻孔。

解玉砂（左图）和砂矿石（右图）

解玉砂由采集来的天然刚玉砂矿和石榴石砂矿，经捣制筛选制成，分为黑砂、红砂、黄砂和宝砂，也称黑石砂、红石砂、黄石砂。其中，黑石砂硬度最高，红石砂性微软，黄石砂性比红石砂软，宝砂用于磨光。

长2.06厘米，宽0.82厘米，厚0.65厘米，孔径0.33厘米。六棱形，两头渐收。端头磨平，对钻一孔。玉色部分受沁变白，并有褐色水锈。可观察到加工遗留的痕迹等，钻孔内旋转痕迹清晰。

喇家遗址出土的绿松石饰

玉器钻孔的方法

单面钻孔俗称"马蹄孔"，即从一侧打孔开始，孔径越钻越小，孔整体呈现出一端大一端小的外观特征。

双面钻孔即从一侧开始打孔，打到中间的位置后，再从对应位置的另一侧开始打孔，完成后的孔洞有阶梯状痕迹，整体孔呈现出两端大中间小的外观特征。

管钻孔是从上到下均匀钻孔，孔呈现出螺旋纹状痕迹。

玉器的分类

喇家遗址中以齐家文化为主的玉器，占据极其重要的地位。喇家遗址的玉器主要有两方面来源，一为发掘出土的玉器，二为民间征集而来的玉器，种类达20多种，从数量上而言，占据青海地区齐家文化出土玉器总量的四分之一，基本包括了目前青海地区齐家文化已出土玉器的全部器型。

> **齐家文化玉器**
>
> 齐家文化玉器是在中国史前玉器与玉文化经历了充分发展之后，受各种文化因素的交汇与影响，在黄河上游地区这一特殊的自然地理环境与齐家文化这一特定的时代人文文化背景下形成的一种重要的文化。
>
> 齐家文化玉器群中工具与装饰品的主要制作工艺，都可在大地湾文化和马家窑文化的玉器中找到根源。突然出现的玉礼器，则是受外来文化的影响，其直接受到了黄河流域的龙山文化的影响，间接受到了长江下游良渚文化的影响。玉礼器在青海境内首先是在其东部黄河上游地区涌现，除了文化传播、交流融合所致外，也是所有制基础上的等级制的产物，是原始氏族社会走向瓦解、氏族贵族阶层出现、社会等级分化、阶级社会出现的重要标志之一。

喇家遗址玉器可分为礼器、工具、饰品及其他四大类。

礼器类

礼器类玉器有璧、环、瑗、三璜联璧、璜、钺、刀等。其中以璧、环类为主，钺及刀的数量相对较少，琮这类礼器目前在青海地区尚未出土完整的器型，仅在喇家遗址中出土了1件玉琮芯，由此反映出这一地区"重璧轻琮"的礼仪现象。刀在齐家文化玉器的分类中，有人把它归为工具，也有人把它归为礼器。青海地区出土的玉刀均为多孔玉刀，不具有实用性，应归入礼器中。

> 玉璧是一种中央有穿孔的扁平状圆形玉器，为我国传统的玉礼器之一，也是"六瑞"之一。从考古出土的实物看，古人在制作玉器时，对于玉璧的孔径与器体的比例并没有严格的规定，因此今天我们习惯上把宽边小孔径的圆状器统称为璧，而窄边大孔径的称为环，一般不再用"瑗"这一名称。

喇家遗址 T537（T 代表探方）出土的玉刀（残）

玉刀形状大致有两种：一种是扁平的长方形，一侧为刀背，一侧为刀刃；另一种则做成了带柄的形状。喇家遗址出土的玉刀属于前者。玉刀作为礼器，盛行于中原二里头文化，它既是权力的象征，也是收割或丰收的象征。

喇家遗址 M12 出土的玉璧

喇家遗址 M12 出土的玉璧

喇家遗址 H19（H 代表灰坑）出土的玉璧

喇家遗址 H79 出土的玉璧

喇家遗址 T202 出土的玉璧

喇家遗址 F27 出土的玉环

喇家遗址出土的玉瑗

外上径 5.15 厘米，外下径 5 厘米，内上径 3.5 厘米，内下径 3.3 厘米，厚 0.47～0.62 厘米。

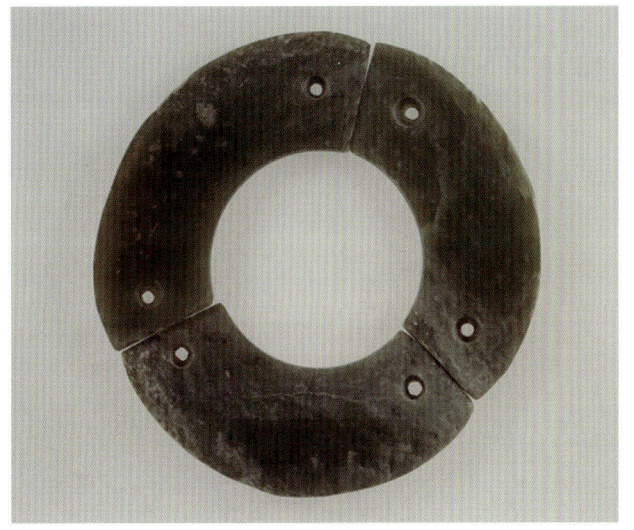

喇家遗址出土的玉璜合璧

外径 7.3 厘米，内径 3.4 厘米，厚 0.36 厘米，孔上径 0.36 厘米，孔下径 0.19 厘米。

喇家遗址 F27 出土的玉璜

玉璜是一种礼仪性的挂饰，被《周礼》一书称为是"六器礼天地四方"的玉礼器。每当进行宗教礼仪活动时，巫师就戴上它，它经常与玉管、玉串组合成一串精美的挂饰，显示出巫师神秘的身份。玉璜、玉琮、玉璧等，历史悠久，在新石器时代的遗址中，普遍都有出土。

喇家遗址 T1013 出土的硬面玉璜

工具类

工具类玉器包括斧、锛、凿、锥、纺轮等。这类器物在房址和墓葬中均有出土,是齐家文化工具类玉器中比较常见的几种玉器,制造工艺粗精不一,有的残断破损或有使用痕迹,尚未脱离实用的范畴。

喇家遗址 F25 出土的玉斧

玉斧是一种扁平的梯形器,上端有孔,可缚扎执柄,下端有刃,如果刃部宽大则叫钺。玉斧从石斧演化而来,史前时期,石斧曾作为生产工具和战争兵器使用,后以玉制成,便演化为氏族酋长或部落首领权力的象征。

喇家遗址 F27 出土的玉斧(残)　　　喇家遗址 F28 出土的玉锛

喇家遗址 T526 出土的玉凿

喇家遗址 T539 出土的玉凿

喇家遗址 M2 出土的玉锥形器

喇家遗址 M2 出土的玉锥形器

喇家遗址 T1105 出土的玉纺轮（残）

饰品类

饰品类玉器包括有玉条形器、玉管饰、天河石管饰、绿松石饰,其中,绿松石饰是新石器时代晚期比较常用的装饰品之一,在齐家文化遗址中屡有发现。

喇家遗址 M25 出土的玉条形器

喇家遗址出土的玉条形器

长 6.55 厘米,宽 1.04 厘米,厚 0.6 厘米。

喇家遗址出土的玉条形器

长 7.47 厘米,宽 1.44 厘米,厚 1.22 厘米。

喇家遗址出土的玉条形器

长8厘米,宽1.4厘米,厚0.5厘米。

喇家遗址 M12 出土的玉管饰

喇家遗址出土的玉管饰

长 4.27 厘米，宽 1.09 厘米，厚 0.97 厘米，孔径 0.45 厘米。

喇家遗址出土的绿松石管

长 3.74 厘米，宽 1.5 厘米，厚 1.16 厘米。

喇家遗址出土的绿松石珠

长径 1.1 厘米，短径 0.9 厘米。

其他类

其他类玉器包括玉璧芯、玉琮芯、玉片、刀形玉器、璜形玉器、玉料、玉坯、绿松石片等。这些玉料及玉片应该都是加工其他玉器的剩余料或待加工玉器的半成品。玉料与玉片虽然不成器，但从玉料上可以清楚地了解到当时的切割方法及钻孔方法，这些玉料也是齐家文化时期的一批非常珍贵的玉器资料。

喇家遗址 M8 出土的玉芯

喇家遗址 T514 出土的玉芯

喇家遗址 T537 出土的玉芯

喇家遗址 T814 出土的玉芯

喇家遗址 F27 出土的绿松石片

喇家遗址 H73 出土的绿松石

喇家遗址 F26 出土的玉片

喇家遗址 M8 出土的玉片

喇家遗址 M12 出土的玉片

骨、角、牙器

喇家遗址出土的骨器、角器、牙器，总体数量不多，其中，骨器最多，牙器、角器次之。

骨器

骨器多以动物肢骨为材料，还有少量使用动物下颌骨和肩胛骨等制成，种类有卜骨、锥、镞、凿、珠、匕、铲、叉、针等。

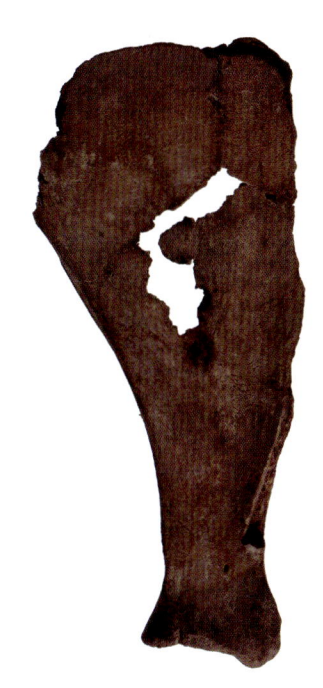

喇家遗址出土的卜骨

喇家遗址出土的骨器

喇家遗址出土的骨器

残断。长 15.4 厘米。

喇家遗址出土的骨锥

残缺。长 6.6 厘米。

喇家遗址出土的骨锥

残缺。长 6.7 厘米。

喇家遗址出土的骨锥

残缺。长 8.8 厘米。

喇家遗址出土的骨锥

残缺。长 6.4 厘米。

喇家遗址出土的骨锥

残缺。长 8.3 厘米。

喇家遗址出土的骨锥

残缺。长 9.8 厘米。

喇家遗址出土的骨镞

残缺。长 7.3 厘米。

喇家遗址出土的骨镞

残缺。长 6.1 厘米。

喇家遗址出土的骨镞

残缺。长 7.2 厘米。

喇家遗址出土的骨镞

残缺。长 5.5 厘米。

喇家遗址出土的骨匕

残缺。长 22.6 厘米，宽 3 厘米。

喇家遗址出土的骨匕

残缺。长 19 厘米，宽 3.3 厘米。

喇家遗址出土的骨匕

残缺。长 18 厘米，宽 4.5 厘米。

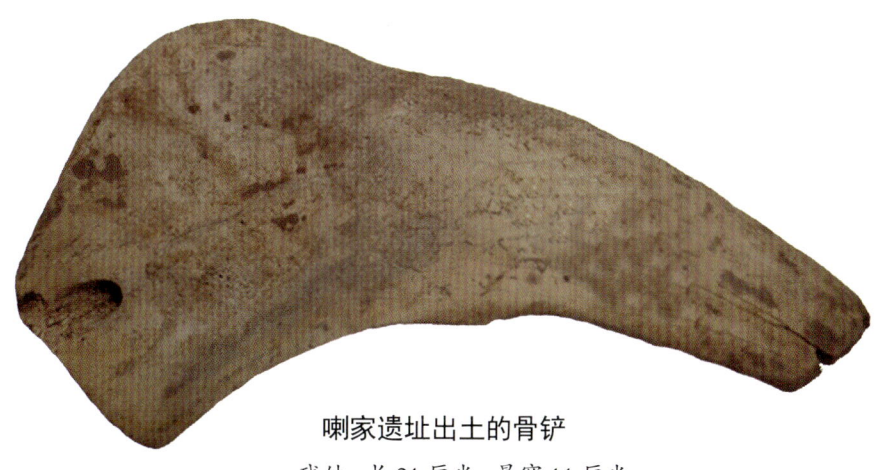

喇家遗址出土的骨铲

残缺。长 21 厘米，最宽 11 厘米。

喇家遗址出土的骨铲

残缺。长16厘米,最宽5厘米。

喇家遗址出土的骨叉

长20.5厘米,最宽2厘米。

> 喇家遗址出土的骨叉证明中国的骨叉至少有4000多年的历史,比西方使用叉子早了很多年。

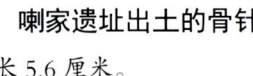

喇家遗址出土的骨针

长5.6厘米。

喇家遗址出土的骨针

长5.9厘米。

角器

喇家遗址出土的角器种类有梳、锥、凿等。其中，六齿角质梳制作精致，显示出高超的制作工艺。

喇家遗址出土的角器

喇家遗址出土的六齿角质梳

> 骨、角器是指使用兽骨或动物头角（如鹿角）研磨而制的器物。该类器物可用来渔猎，乃至装饰。在考古学上，骨、角器的出现，常被视为人类文明进步的重要指标。骨、角器出现于旧石器时代，到了新石器时代，这类器物已经被普遍应用于人们的生活、生产中。

牙器

牙器主要有锥及牙饰等，数量不多。制作粗糙，有的还保留着牙齿的大部分原表面未经整治。

骨器、角器、牙器的制作

骨器、角器、牙器通常由磨制而成，具体方法有锯、切、削、磨、钻等。这些漂亮、美观、精致的器物，从技术层面上而言，制作要求是非常高的，并不低于其他器物的制作难度。

其他手工制品的痕迹

考古人员在喇家遗址还发现了一些很细微的痕迹，如布痕、竹篮痕迹、工具痕迹以及漆器的痕迹，这些珍贵的痕迹，保留下当时喇家先民们的生活细节。

布纹痕迹

这张图上能看出一些布纹，非常微弱，很难把它看清楚，但是很幸运，考古人员很小心地一点一点地将其发掘出来，但它很难保存。

竹篮痕迹

F10地面上留下来的竹编篮子的痕迹，非常可贵，也难于保存下来，篮子早已不存在了，只在地面留下了这个宝贵的痕迹。

工具痕迹

遗址发掘时在一个坑的边缘上发现了工具痕迹，应该是喇家先民使用的工具留下的痕迹，通过这些痕迹，我们可以判断当时人们取土、挖土时使用的什么工具。

漆器痕迹

喇家遗址还发现了一些漆器，它们和玉器一样珍贵，很难保存下来，这是F15里边地面的土上留下的漆痕，红色的非常鲜艳，这是剥下来的一点漆片，难得地被保存下来了。

农牧业经济

喇家先民以农耕为主，兼营畜养和渔猎采集的多元经济模式，是新石器时代的通例。当然，多种产业形态也是喇家先民适应黄河上游西北地区的气候环境，因地制宜，积极进取的一种精神状态。

农业耕作

> **环境与农业**
>
> 环境是人类生存和发展的载体，人类总是在适应、利用和改造自然环境中形成自己的文化特色的。从灵长类进化而来的人类，随着脑容量的增大和生存技能的加强，逐渐从自然奴役者变成支配者，在人与自然的博弈中，在付出了惨痛的代价后，人类终于学会了趋利避害，从而在历次的自然灾害中存活并发展延续下来，而喇家遗址的毁灭，正是人类付出的历次惨痛代价之一。

《管子·乘马》有言："凡立国都，非於大山之下，必於广川之上；高毋近旱，而水用足；下毋近水，而沟防省；因天材，就地利，故城郭不必中规矩，道路不必中准绳。"在人类社会进入文明社会的早期，选择临水的高处作为居住地是共通的。喇家先民便是在这种思想的指导下，在观察了黄河丰水期与枯水期的季节变化后，选择了较为安全的二级台地作为生存繁衍的场所。丰水期泛滥的河水不但无法淹没居住在高处的先民，而且带来富含营养物质的淤泥，这为喇家农业的发展带来了可能。

喇家遗址地处官亭盆地，南邻黄河，西有积石峡，东有寺沟峡，横贯官亭盆地，南北有3条河流，而这个平坦的小盆地，得天时与地利，土地肥沃，水资源丰富。古地质学家研究发现，喇家先民活动时期的地面土壤正是适宜农业耕作的黑垆土层，黑垆土的腐殖质层深厚，适耕性较强，适合种植的作物多，比如麦、谷、豆类和玉米等。

地质学家根据植硅体、淀粉粒、生物标志化合物等多种方法综合分析后，得出结论，当时的

黑垆土在我国主要分布于陕西北部、甘肃东部、宁夏南部、山西北部和内蒙古等土壤侵蚀较轻的黄土高原以及地形较平坦的黄土塬地、黄土丘陵和河谷高阶地。其中，黑垆土以地形平坦、侵蚀较轻的地区为多，是中国黄土高原地区主要土类之一。

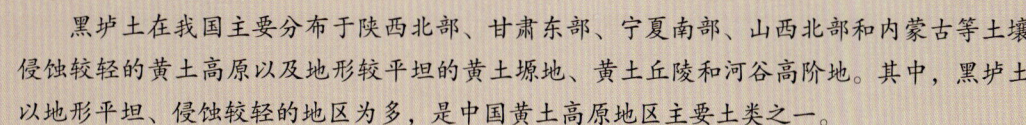

今日喇家遗址的地貌

喇家先民已经大面积种植了粟、黍、大麦、小麦等农作物，粟种植最多，黍次之，大麦、小麦又次之，经济作物已种植了大麻。

家畜饲养

喇家先民的农业已经很发达，其家畜饲养业也已经相对发达。考古人员对喇家遗址出土的动物骨骼通过分析得出，彼时，喇家先民已经驯养了猪、羊、牛、狗等，可能还驯养了马。

特别是在齐家文化时期，人们畜养的绵羊、山羊已取代了家猪，绵羊、山羊成为饲养数量最多的家畜。这为齐家文化时期的先民们进一步征服高

喇家遗址出土的动物骨骼化石

海拔的青藏高原奠定了物质基础,也为后来辛店文化和卡约文化畜牧业经济的出现做了铺垫。

喇家遗址出土的动物骨骼化石

狩猎

除农业耕作、家畜饲养之外,狩猎也是喇家先民的辅助经济形式,特别是补充肉食类食材的重要途径之一。根据喇家遗址出土的化石骨骼分析,喇家先民狩猎的野生动物种类有梅花鹿、马鹿、獐、麋、野猪、狍子、兔、鸟类等。

从出土的器物来看,矛、镞、石球等工具,可能主要用于狩猎。矛既可以近距离搏杀,亦可远距离投击,镞、石球则为一种远距离使用的复合工具。镞可以组合弓箭,用于射杀;石球则可以与绳索或皮带组合成飞石索。

喇家遗址出土的石矛

长 19.6 厘米,宽 7 厘米。

飞石索的使用

飞石索这种复合工具有3种形式：一种是单股的，一根长六七十厘米的绳索或皮带，一头拴一个石球，投掷者手握绳索的另一端，先将绳索旋转，然后放手，石球引索而出，飞向野兽，将其击伤或打倒。第二种也是单股的，即绳索两端各拴一个石球。第三种是双股的，索长130厘米左右，中间有一个兜，供盛石球之用，使用时，将绳的两端握在手里，利用旋转的力量将石球甩出去，射程可达五六十米，远的可达百米，用这种飞石索，既可以投掷出一个大石球，也可以同时掷出几个小石球。

喇家遗址出土的石球

飞石索使用示意图

饮食生活

喇家先民通过农耕、饲养家畜、狩猎可以获取不同的食材。另外，从遗址发现的多座房址内设置壁炉与房址地面或门前活动场地内的灶共存的现象，可推测出当时人们制作食物的方式多样，更为难得的是在遗址内还发掘出目前所知世界上最早的面条——"史前第一面"。

> 喇家先民的饮食多样化主要体现在以下几点：
> 第一，种植业、家畜饲养业和狩猎可以获取大量的食材，既有主食粟、黍、麦，也有各种肉类食材，如猪、羊、牛及其他野生动物的肉类。
> 第二，喇家遗址出土的陶器种类众多，适宜多种形式的炊煮与饮食。
> 第三，多座房址内设置的壁炉与房址地面或门前活动场地内的灶共存，前者适合烘烤食物，而作为炊器的多种形制的夹砂罐可置于灶上烹煮食物，可以说，喇家先民的饮食兼备了中西结合的饮食风格。

东西方文化的交流——壁炉

喇家遗址发现的壁炉是喇家遗址的一大特点。

喇家遗址较多房址内发现壁炉，居住面上同时建有火塘，两者共存共用。壁炉依墙壁或墙角横向掏挖而建，多使用石板将炉体隔成上下两部分，石板上表面都较平整，为使用空间，个别壁炉石板上放置陶器。石板下为炉膛，集满烟炱，堆积着烧灰，炉壁有烧结面，有的用砾石支撑。另有部分壁炉不见石板，或是遗失、损坏所致。从壁炉的构造看，它可能兼有取暖与烧烤的双重功用。

F1 中的壁炉盖板

F1 中的壁炉砾石

第四章 喇家生活

喇家遗址 F1 内的壁炉遗迹

壁炉遗迹

在喇家遗址F27房址的一角发现了一个很重要的壁炉，这个壁炉分为上下两个部分，下边部分有明显的火烧痕迹，中间用石板隔开，上部应该是烤食物的地方，专家认为这种壁炉可能就是用来烤制食物的。

喇家遗址F27内的壁炉遗迹

从考古资料和研究结果可以看出，中国新石器时代普遍使用火塘或灶坑，而壁炉很可能是西方文化传统，据说壁炉的雏形能够追溯到古希腊和古罗马时代。喇家遗址发现的诸多壁炉，则反映了东西方文化的交流。

> 目前为止，在中国的史前考古学遗址里面很难见到壁炉，喇家遗址的壁炉是一个新发现，专家推测这种壁炉和西方的壁炉可能有一些关系。据研究，壁炉最早出现在西亚地区，这与当地人吃的食物有一定关系，小麦起源于西亚地区，而小米（粟）则起源于中国，中国原始社会人们大多是吃小米的，他们通常用小米熬粥或者蒸着吃，所以在房子中间会建造一个火塘，然后把陶盆或者陶罐架在上面将食物放进去煮。壁炉的这种形式出现在喇家遗址，反映了喇家先民的饮食习惯可能与中国大多数原始社会人们有所不同。

"史前第一面"

2002年11月22日，考古人员在喇家遗址东区小广场的东南角发掘F20时，青海省文物考古研究所蔡林海发掘出了一个橘红色倒扣的陶碗，揭开陶碗，其内圆台状沉积物顶部发现面条状遗存。经验丰富的考古队领队叶茂林研究员迅速将面条状遗物放回碗中，将土原封不动盖好，随后带到北京，并请中国科学院地质与地球物理研究所的吕厚远研究员做了古植物学鉴定。

吕厚远研究员从碗内厚约6厘米的沉积物中每隔1厘米取样，共提取出6个部位的样品，3个取自面条状物所在部位，3个取自面条状物下的土层内。通过植硅体分析、淀粉分析和生物标志化合物分析等方法，综合判定出面条的成分以

F20遗迹（上图）和面条出土时的情形（下图）

粟为主,有少量的黍。这与植物考古学者对植物种子及种子碎块的鉴定结论是相吻合的。

这就是目前所知世界上最早的面条,学术界将其称为"中华第一碗面",抑或"史前第一面"。

喇家遗址出土的面条局部图

这碗面条,除了从学术角度验证它的成分之外,考古学者还对它的用途做了深入的研究,这碗面条可能是用来祭祀的,放在广场祭祀处,地震来袭,陶碗倒扣泥土之中,面条被陶碗密封起来,隔绝了空气,故而被很好地保存下来。这也是今日我们能目睹"史前第一面"的原因吧。

第五章

喇家未来

喇家遗址是我国考古发现并经过科学论证的第一处史前灾难遗址，在世界范围内同样具有重要的价值。因此，保护喇家遗址就是保护一种文化，就是在传承和发扬一种敬天畏人的精神。

喇家国家考古遗址公园

在很久很久以前的一片土地上，曾经聚居着一群先民，他们以耕作为生，日出而作，日落而息，可是有一天，突如其来的地震和洪水等多重灾难，瞬间淹没整个村庄。4000多年以后，这里生活着一群土族人，他们其乐融融。这里是青海省唯一获批立项的国家考古遗址公园；是目前全世界绝无仅有的一座上古时期地震、洪水等造成的灾难遗址，这里就是喇家国家考古遗址公园。

获准立项 填补空白

喇家国家考古遗址公园所在的民和县，处于青藏高原与黄土高原交接的黄河谷地，青海省的最东部，素有青海门户之称。喇家遗址所在的喇家村作为典型的传统土族村落，村落格局完整考究、传统民居朴素生动、民俗风情特色鲜明。由于缺乏及时保护，因风化、风蚀、水涝、冰冻、崖体自然崩塌等自然因素以及其他人为因素，珍贵的考古发掘出土遗迹已经遭受到了不同程度的破坏，保护工作刻不容缓。

为进一步推动全省大遗址保护工作，推进喇家国家考古遗址公园申报立项工作，在青海省

喇家国家考古遗址公园规划鸟瞰图

委、省政府的高度重视和大力支持下，青海省文化新闻出版厅争取海东市、民和县政府及有关部门的配合支持，青海省文物管理局深入研究、科学谋划，加快喇家国家考古遗址公园规划编制进度，组织专家严格评审把关，多次赴国家文物局沟通、协调、落实申报事宜，在最短的时间内按照国家考古遗址公园规范要求，高质量地完成了喇家国家考古遗址公园的申报工作。在青海省、市、县各级政府的不懈努力和国家文物局的大力支持下，国家文物局于2013年12月公布第二批国家考古遗址公园立项名单，被称为"东方庞贝"的青海喇家遗址列入其中，喇家遗址成为青海省首个获批立项的国家考古遗址公园，填补了青海省没有国家考古遗址公园的空白，这意味着在喇家遗址将建设一个集文物考古、学术交流、科学研究、文物展示和文化体验为一体的国家级考古遗址公园。由此也拉开了科学系统的保护开发与利用的帷幕。喇家国家考古遗址公园的立项建设，对促进青海省文化旅游深度融合，培育区域经济增长点，推动社会协调发展，改善民生等将发挥积极作用，它的开工建设是青海省文化旅游业建设上的一件大事，也是青海省重点打造的文化旅游景区之一。

保护利用　科学规划

　　喇家国家考古遗址公园的规划部分为遗址保护范围及遗址南侧的部分建设控制地带，整体范围约102.7公顷。"一轴串两点，两带围一片"，"一轴"为遗址核心轴，"两点"为喇家遗址博物馆和黄河渡口码头，"两带"指吕家沟－岗沟步行景观带和黄河北岸步行景观带；"一片"指喇家村落核心片区。空间规划上，遗址以核心展示轴为主线，串联起喇家遗址博物馆和黄河渡口码头，以吕家沟－岗沟步行景观带和黄河北岸步行景观带为边界，圈定出喇家村落核心片区，遗址核心展示轴串联起最具考古价值的东西两大考古研究展示区。公园内部分为三个不同主题路线，分别对遗址公园历史遗存本体、村落传统文化、山水自然景观三方面进行展示。公园在整体旅游线路的设计上也别具一格，有两个旅游入口节点，分别是官亭和码头。其中，码头节点主要针对水路游客。这样游客可以采取陆路和水路两种方式进入喇家国家考古遗址公园。

　　项目组通过积极努力的考察和设计，制定并实施近期、中期、远期规划来完善喇家国家考古遗址公园的建设。相信在不久的将来，一个基础设施完善，核心展示区功能齐全，步行景观带景色宜人，游览方式便捷的国家级考古遗址公园将呈现在世人面前。

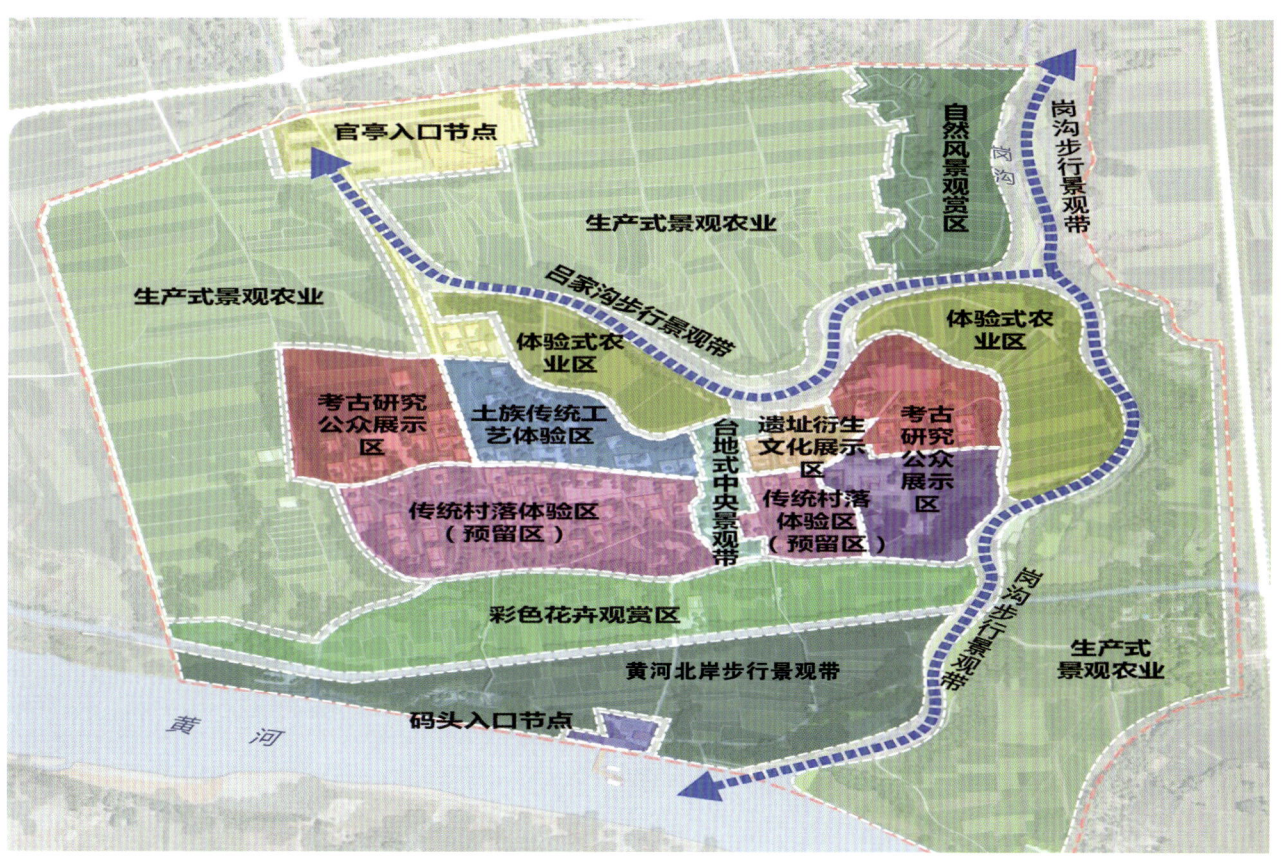

"一轴串两点，两带围一片"示意图

喇家遗址功能分区图

挖掘文化 精心打造

《青海省政府工作报告》明确提出，要深入挖掘昆仑文化、河湟文化等丰富内涵，精心打造喇家国家考古遗址公园，统筹旅游文化产业互动发展。

喇家国家考古遗址公园是民和县重点打造的旅游景区，按照"一圈三线三廊道三板块"旅游发展目标，构建"喇家遗址、大禹故里、土族风情、黄河风光"四位一体发展布局，不断理顺管理体制、强化部门协调、促进要素优化、推动资源整合，全力推动旅游发展由景点旅游模式向全域旅游模式、小旅游向大旅游格局的转变。公园建设在进行基础设施建设的同时，不断建立和完善导游管理服务中心和旅游咨询服务功能，还定期开展对文化旅游从业人员的各种教育培训活动，努力建设一支高素质、高水平、高档次、高服务的旅游人才队伍。同时，借助省内外旅游宣传推介活动平台，采取"走出去、请进来"的方式，积极探索和深度挖掘喇家国家考古遗址公园文化内涵，采取多种形式，大力宣传推介喇家遗址史前文化等民和旅游点，并运用市场化运作模式，策划举办高规格、大规模的旅游节庆活动，提升民和旅游品牌的知名度和影响力。

公园"四位一体"发展布局中包括临津古渡项目建设，大禹故里园、三川土族文化园项目。在整体布局的同时也要求加快实施并完善官亭、中川文化旅游相关基础设施建设，不断完善三川文化旅游服务能力。

喇家国家考古遗址公园位于民和县官亭镇喇家村。按照预先建设规划，主体工程由"一

喇家遗址保护展示厅规划效果图

馆三棚"组成，一馆即喇家遗址博物馆。博物馆内将存放喇家遗址出土的各种文物，以及设置考古研究中心。"三棚"指1号、3号、4号保护展示厅。

其中，1号保护展示厅是2006年已建成使用的保护展示厅。2号保护展示厅有待对出土遗迹现象进一步做大量的分析研究后，再进入建设阶段。3号保护展示厅，展示马家窑文化灰坑3处、齐家文化时期的房址4处，其中在喇家遗址首次发现齐家文化时期白灰面地面式建筑一处，其他房址3处。4号保护展示厅，遗迹原址全景展示，遗迹保护展示厅南侧局部尚未发掘。其展厅空间根据考古专家提出的遗迹保护、遗迹展示的建议，设计成为一个大跨度的室内展厅、两个室外展厅。其室内展厅空间为简约的方形空间，使遗址本体展示更为明确、突出。展厅主题为遗址房址、灰坑、墓址展示。室外展厅所展示的为房址、窑址、灰坑保护性回填后的标志展示。

喇家遗址保护展示厅总体设计思路源自喇家村聚落肌理。保护展示厅的保护、展示对象是有几千年历史的原有房址、灰坑、墓葬等重要出土遗迹。喇家遗址保护展示厅根据发掘的进展和遗址的价值，将来可能还会有多座保护展示厅。因此，方案设计试图用同一逻辑控制的建筑语言来组织、设计，使多座保护展示厅之间既有差异，又能和喇家村落融为一体。

全面建设　激活旅游

在2018年的中国黄河旅游大会上，喇家国家考古遗址公园被评为"中国黄河50景"。黄河在我省境内自上而下流经16个县，流程长达1455千米。近年来，沿黄流域的贵德、尖扎、

循化利用丰富的水资源和适宜的气候资源，发展旅游、文化体育产业，成为青海省旅游经济发展的主要地带。民和县官亭盆地是黄河流经我省的最后一个地区。黄河绵延数十千米，在民和县三川地区形成独特的自然景观和人文景观。

黄河上游连接贵德、循化等著名旅游景点，下游连接甘肃炳灵寺、刘家峡等旅游景点。而喇家国家考古遗址公园恰恰处于黄河岸边，这样得天独厚的地理位置对今后喇家国家考古遗址公园的建成，以及对激活青海省沿黄河流域旅游业将起到重要的支撑作用。民和县官亭地区是具有潜力的旅游富矿区，旅游资源众多，但因旅游资源没有整合利用，缺少代表性的景点一直不温不火，喇家国家考古遗址公园的建成，无疑将为民和县乃至海东市的旅游业注入新的活力。

喇家国家考古遗址公园建成挂牌后，将成为青海省第一个国家级考古遗址公园，将对有效保护喇家遗址的真实性、完整性和延续性，对深入开展相关历史文化研究工作以及推动旅游产业发展起到有力的带动和促进作用。